O Golem, Benjamin, Buber e Outros Justos:
Judaica I

Coleção Debates
Dirigida por J. Guinsburg

Equipe de realização – Tradução: Ruth Joanna Solon; Revisão: Afonso Nunes Lopes; Produção: Ricardo W. Neves e Sylvia Chamis.

gershom scholem
O GOLEM, BENJAMIN, BUBER E OUTROS JUSTOS: JUDAICA I

Seleção de Textos:
Haroldo de Campos
J. Guinsburg

EDITORA PERSPECTIVA

Título do original em alemão
Judaica 2
Copyright © Suhrkamp Verlag, Frankfurt am Main 1970
Judaica 1
Copyright © Suhrkamp Verlag, Frankfurt am Main 1963

Direitos reservados para a língua portuguesa à
EDITORA PERSPECTIVA S.A.
Av. Brig. Luís Antônio, 3025
01401-000 – São Paulo – SP – Brasil
Tel: (011) 885-8388
Fax: (011) 885-6878
1994

SUMÁRIO

1. A Interpretação de Martin Buber do Hassidismo   9
2. Num Dia Memorável (M. B.) 39
3. Os Trinta e Seis Justos Ocultos na Tradição Judaica 47
4. Sobre a Nova Edição da *Estrela da Redenção* . . . 55
5. Judeus e Alemães 63
6. O Golem de Praga e o Golem de Rehovot 89
7. S. J. Agnon – O Último Clássico Hebraico? . . . 97
8. A Concepção de Martin Buber do Judaísmo . . 129
9. Walter Benjamin 181

1. A INTERPRETAÇÃO DE MARTIN BUBER DO HASSIDISMO

Não pode haver dúvida nenhuma de que Martin Buber tenha prestado decisiva contribuição para o conhecimento do movimento hassídico pelo mundo ocidental. Antes de Buber haver se incumbido de apresentar e interpretar o hassidismo aos leitores ocidentais, este movimento era praticamente desconhecido do estudo científico da religião, apesar de haver sido, desde sua cristalização na Podolia, na metade do século XVIII, um dos fatores mais importantes da vida e do pensamento do judaísmo da Europa Oriental. Enquanto as idéias do Iluminismo, desde o final do século XVIII, mantinham influência nos círculos judaicos, o hassidismo para os judeus ocidentais parecia uma manifestação de extremo obscurantismo, um aliado de todas as forças do passado judaico a que o protagonista de um judaísmo moderno e ilustrado mais se opunha.

Este era o caso também dos grandes eruditos judeus do século XIX que iniciaram o estudo científico do judaísmo (homens como Heinrich Graetz, Abraham Geiger e Leopold Zunz). Misticismo e emoções religiosas não os atraíam e eles repudiavam os valores propagados enfaticamente por estes movimentos. Apenas na virada do século, alguns escritores e eruditos judeus, especialmente na Rússia, passaram a olhar esse movimento sem preconceitos. Esta nova visão vinculava-se a uma reavaliação geral da história judaica, que passou a ser tratada como a história de um povo vivo e não mais um modelo para uma teologia iluminista, avaliado por muitos eruditos segundo os critérios abstratos de teólogos e filósofos. A nova onda de nacionalismo judaico surgida por volta do século XIX e um impulso romântico para descobrir as forças mais profundas na vida das massas judaicas da Europa Oriental tiveram um importante papel nesta mudança. Eruditos como Simon Dubnov, entusiastas como Samuel A. Horodetzky e grandes poetas como Isaac Leib Peretz anunciaram a nova era. É certo que os estudos pioneiros de Dubnov sobre a história do hassidismo foram conduzidos de maneira bastante fria e reservada; no entanto, a descoberta do mundo da lenda hassídica emprestou ao movimento grande brilho. Esta descoberta, especialmente devida a Peretz e Berdichevsky, possuía um apelo tremendamente poético, marcando nova era na literatura judaica, especialmente de línguas hebraica, ídiche e alemã.

Dentro deste contexto, devemos examinar a fascinação de Buber pelo fenômeno do hassidismo, que durou a vida inteira, e sua contribuição para a compreensão do mesmo. Quando Buber, durante a busca juvenil por um judaísmo vivo, se deparou com o hassidismo, foi subjugado pela mensagem nele encontrada. Desde então, devotou mais de cinqüenta anos de uma notável carreira literária a formular e reformular o sentido desta mensagem. O credo sionista, o que levou à senda do hassidismo, passou a interligar-se à convicção do significado da doutrina hassídica para o renascimento do judaísmo:

"Nenhuma renovação do judaísmo é possível sem conter elementos do hassidismo".

Por ser escritor de estilo fascinante, sempre vigoroso e espirituoso, Buber causou impacto significativo com seus primeiros livros, *Os Contos de Rabi Nakhman* e *A Lenda do Baal-Schem*. Desde então, devemos à sua pluma uma infindável corrente de material hassídico e de análise interpretativa, atingindo seu clímax com as *Histórias dos Hassidim* e outros livros de caráter mais teórico como *A Mensagem dos* Hassidim, de considerável influência, sobretudo, após o final da Segunda Guerra Mundial.

A influência de Buber não é difícil de explicar. Enquanto o entusiasmo de alguns outros apologistas do ensinamento do hassidismo, por exemplo Horodetzky, era essencialmente ingênuo e seus livros, uma mistura peculiar de simplicidade amável e enfado, em Buber temos um pensador profundo e penetrante que não apenas admira a intuição nos outros como também a possui. Nele ocorre a rara combinação de um espírito penetrante e elegância literária que faz um grande escritor. Quando um autor de semelhante estatura e sutileza demonstrava com incansável seriedade o que lhe parecia constituir a alma do hassidismo, este fato não podia deixar de causar grande impacto em nossa geração. Num ou noutro sentido, somos todos seus discípulos. De fato, a maioria de nós, quando fala do hassidismo, provavelmente pensa em termos dos conceitos que se tornaram familiares graças à interpretação filosófica de Buber. Muitos autores que naqueles anos escreveram sobre a obra de Buber, apesar das freqüentes indicações do próprio Buber a respeito, não tinham consciência de que sua obra é uma interpretação cuja relação com o fenômeno poderia ser problemática. Consoante observação de um atento leitor, Buber apresentou, pela primeira vez, ao público europeu e americano um cânon do que é o hassidismo, juntamente com sua interpretação. Esta interpretação foi acompanhada por tal riqueza de provas aparentemente irrefutáveis na forma de lendas e provérbios hassídicos que qualquer crítica estava fadada ao silêncio.

De fato, mais de cinqüenta anos de atividade neo-hassídica de Buber não teve forte ressonância apenas no mundo judaico. Competentes eruditos agiam com certa relutância quando se tratava de questionar se esta interpretação poética e penetrante poderia sustentar-se diante de uma análise crítica e sóbria. Dubnov expressou de fato algumas dúvidas acerca desse estilo de interpretação excessivamente moderno, afirmando sobre os livros de Buber que eles se prestariam à contemplação, não à pesquisa, mas não apresentou nenhuma prova neste sentido, o apelo emocional dos escritos de Buber (para não dizer nada do artístico) era tão infinitamente maior do que a discussão árida das idéias hassídicas nos trabalhos de Dubnov que não poderia haver dúvida sobre que argumentos teriam maior impacto. No entanto, enquanto a pesquisa histórica progrediu muito além do desempenho de Dubnov, abrindo novas perspectivas e discernimentos sobre as origens e desenvolvimento do hassidismo, os escritos de Buber – especialmente os dos últimos anos – começaram a suscitar análise crítica apenas recentemente.

Esta análise parece-me agora urgente e oportuna. Ao propor esta discussão aqui, deverei restringir-me a alguns pontos que considero fundamentais.

Uma análise crítica da interpretação de Buber do hassidismo comporta algumas dificuldades especiais, desde o início. A primeira reside no fato de Buber, a quem ninguém nega conhecimento exato da literatura hassídica, não escrever como um erudito que fornece referências exatas para sustentar suas afirmações. Ele combina fatos e citações, adequando-os à sua finalidade, que consiste em apresentar o hassidismo como um fenômeno espiritual e não histórico. Ele manifestou freqüentemente não estar interessado na história. No contexto de nossa discussão, isto significa duas coisas de igual importância. Primeiramente, Buber omite muito material, que não lhe interessa, conquanto pudesse ser de grande valor para uma compreensão do hassidismo como fenômeno histórico. Para dar apenas dois exemplos: o elemento mágico que ele constantemente descarta ou minimiza e o caráter social da sociedade hassídica. Em segundo lugar, o material que seleciona freqüentemente se associa à sua própria interpretação sobre seu significado. Terei mais a comentar sobre isto posteriormente.

A outra grande dificuldade que enfrenta o leitor crítico de Buber está ligada às circunstâncias de sua evolução. Buber começou como admirador entusiasta e até partidário do misticismo religioso. Foi a descoberta de que havia um cerne místico de judaísmo vivo no movimento hassídico que mais profundamente o impressionou quando, pela primeira vez, entrou em contato com a literatura e a tradição hassídicas. Então, o hassidismo parecia-lhe a quintessência do judaísmo místico, "a cabala transformada em *etos*". Assim, uma de suas primeiras interpretações, como, por exemplo, o conhecido capítulo "A Vida dos *Hassidim*", que serve de introdução *A Lenda do Baal-Schem* em 1908, apresenta cores místicas. Muitos anos mais tarde, contudo, seu pensamento sofreu uma evolução que acarretou profunda mudança em sua visão. Esta mudança é melhor caracterizada em seus escritos filosóficos pela distância que separa o diálogo *Daniel: Diálogos da Realização* (1913) e *Eu e Tu* (1923). Aqui renunciou ao mundo do misticismo e assumiu uma nova postura que o colocou na linha de frente do que hoje se denominaria de existencialismo religioso, por mais que Buber evitasse usar este conceito de modo ostensivo em seus escritos. Nesta nova fase, também Buber continuou a encontrar no hassidismo ilustrações para seu ponto de vista. Um curto panfleto como *O Caminho do Homem no Ensinamento Hassídico* não é apenas uma jóia da literatura, mas também uma lição extraordinária de antropologia religiosa, apresentada na linguagem do hassidismo e inspirada em grande número de autênticos adágios hassídicos. É precisamente a esta questão de determinar a natureza da inspiração, que Buber encontrou em textos antigos, e à mudança que sofreram quando interpretados a seu modo que dedicarei a maior parte de minha discussão.

Nesta última e madura fase de apresentação seletiva do hassidismo, Buber já não enfatizava a identidade essencial entre cabala e hassidismo, tal como fazia em trabalhos anteriores. Embora continuasse reconhecendo fortes laços entre os dois fenômenos, estava preocupado em estabelecer e manter uma distinção essencial entre eles. Começa a referir-se à cabala como gnose, o que, de sua parte, não significa elogio. Ele vê no hassidismo duas formas contraditórias de consciência religiosa – embora os criadores do movimento não tenham tido consciência desta visão. A tradição cabalística determinava uma delas. Ela visava ao conhecimento dos mistérios divinos ou, pelo menos, a uma consciência introspectiva, levando os *hassidim* a especulações de natureza teosófica. Buber tinha plena consciência de que o hassidismo se desenvolvera no âmbito da cabala luriânica. Ele até aceitou minha caracterização da cabala de Isaac Luria como exemplo clássico de sistema gnóstico dentro do judaísmo ortodoxo, como desenvolvi no livro *As Grandes Correntes da Mística Judaica**. Mas este gnosticismo cabalístico não era – e aqui concordo com Buber – um elemento realmente criativo no hassidismo. Seu aparato conceitual foi usado pelos grandes mestres do hassidismo, mas transferiram-lhe o sentido básico da esfera dos mistérios divinos ao mundo do homem e seu encontro com Deus. Segundo Buber, este constituía o aspecto realmente criativo do hassidismo. E desde que, em última análise, é o impulso criativo que importa, ele sentiu-se autorizado a quase ignorar por completo o ele-

* Tradução brasileira, Perspectiva, 1972. (N. da T.)

mento cabalístico ou "gnóstico" do hassidismo. Este constituía nada mais que um tipo de cordão umbilical que deveria ser cortado tão logo surgisse a nova criação espiritual por seus próprios méritos, se quisermos ver e entender o novo fenômeno no seu autêntico modo de ser.

Os escritos de Buber contêm inúmeras formulações deste porte. Gostaria de citar apenas uma delas, retirada do debate com Rudolf Pannwitz:

> O movimento hassídico retira da cabala apenas o que necessita para a fundamentação teológica de uma vida entusiástica, mas não exaltada na responsabilidade – a responsabilidade de cada indivíduo para a parte do mundo a ele confiada. Teologúmenos gnósticos transformam-se, e, com eles, seu solo e sua atmosfera. De espiritualidades entronizadas no absoluto, convertem-se no cerne das realizações. O pneuma instalou-se nas bênçãos de um fervor, que incendeia com entusiasmo o serviço divino praticado com a criatura. Por isso, tudo tornou-se diferente. Em lugar de meditações reguladas esotericamente, veio à tona o dom imprescritível de cada gesto com força de intenção, que surge a cada momento renovado. O sagrado não aparecia na reclusão dos ascetas e nas escolas ascéticas, mas na alegria recíproca dos mestres e suas comunidades. E – o que era inadmissível nos círculos da velha cabala – honra-se o "homem simples", isto é, o homem da devoção original, o homem que, por natureza, carece da sabedoria secreta e do conhecimento rabínico, podendo prescindir de ambos, porque, ao estar em união, vive o serviço em união. Ali, onde o turbilhão místico dava voltas, estende-se agora o caminho do homem.

Essa afirmação, conquanto formulada por uma voz merecedora de respeito, não pode convencer alguém familiarizado com a literatura cabalística ou hassídica. A fim de compreender a extraordinária mescla de verdade, erro e excessiva simplificação contida nesta citação, devemos dirigir nossa atenção às principais características da atitude de Buber para com o fenômeno do hassidismo, a saber, sua convicção de que a fonte principal do conhecimento do hassidismo reside em suas lendas. Somente esta convicção juntamente com o método de seleção de Buber podem explicar manifestações como as transcritas acima. Neste ponto, cumpre-nos recordar que, em última instância, a extensa literatura do hassidismo divide-se em duas categorias. Em primeiro lugar, há uma grande coleção de escritos teóricos consistindo, basicamente, de sermões e preleções, comentários a textos bíblicos, tratados acerca de orações e outros aspectos da vida religiosa. A concepção disseminada entre os leitores que conheceram o hassidismo através de Buber, de que o hassidismo é um puro "misticismo laico" de grupos iletrados, é refutada por esta literatura. As mais importantes destas obras foram compostas entre 1770 e 1815 quando o hassidismo emergiu, a partir de polêmicas amargas, como uma força no judaísmo europeu oriental, procurando espalhar suas idéias e modos de vida tanto oralmente como por escrito. Estas obras contêm os ensinamentos dos grandes santos do hassidismo, os *tzadikim*, que costumavam citar, a título de ilustração, ditos epigramáticos ou curtas anedotas. Após 1815, a produção literária deste tipo foi ainda mais volumosa que a anterior, mas consistia, na maior parte, apenas em variações sobre os motivos básicos expostos nos livros mais antigos; somente em um ou outro lugar encontramos novas idéias. Esta literatura compreende mais de mil volumes.

A segunda categoria consiste em uma extensa coleção de lendas, biografias e contos, relacionados aos milagres dos *tzadikim*, e coleções de seus adágios memoráveis. Este gênero de literatura lendária, desenvolvido nos últimos ancs do século XVIII, gozava de popularidade crescente entre as massas hassídicas. Dizia-se que contar histórias de santos era tão produtivo, no nível espiritual, como o estudo dos mistérios divinos. As principais características das lendas hassídicas cristalizaram-se durante a primeira metade do século XIX, incorporando, em muitas instâncias, lendas muito mais antigas e de diferentes origens, que foram transferidas para as maiores personalidades do hassidismo. Desde 1860, apareceram várias centenas de volumes deste gênero e cada personalidade hassídica de destaque – mesmo da última geração – foi adornada com uma dessas coroas lendárias.

É importante notar que a apresentação e a interpretação de Buber do hassidismo baseiam-se quase exclusivamente nesta segunda categoria de literatura hassídica – nas lendas, epigramas e aforismos dos santos hassídicos. Ele escreve:

> Porque o hassidismo, em primeira instância, não é uma categoria de ensinamento mas de vida, nossa principal fonte de conhecimento do hassidismo são as lendas e, somente depois, aparece a literatura teórica. Este último é o comentário, aquele o texto, conquanto seja um texto que nos foi transmitido em estado de extrema concepção, incapaz de restaurar-se em sua pureza. É tolice protestar contra uma lenda que não nos transmite a realidade da vida hassídica. Obviamente, a lenda não é uma crônica, mas ela é mais verdadeira do que a crônica para quem sabe interpretá-la.

A ênfase consistente na preeminência da tradição popular sobre a literatura teórica mostra que Buber utiliza um princípio metodológico que nos parece altamente duvidoso. A terminologia de Buber, certamente, tende a causar confusão. O que é uma "categoria do ensinamento" em contraste com uma da "vida" quando se trata de analisar um fenômeno histórico, cujo ensinamento está inextricavelmente preso ao tipo de vida que predicava e não separado por um abismo? As metáforas de Buber sobre texto e comentário são desconcertantes, ocultando o fato histórico de que o assim chamado comentário constitui a primeira e mais autorizada apresentação do significado desta vida, muito antes de a lenda tê-la envolvido. A identidade de lenda e vida pretendida por Buber é fictícia. Estritamente falando, estas lendas não são mais do que um comentário do que Buber chama de vida. A vida reflete-se tanto na lenda como no ensinamento, mas deve-se enfatizar que, embora a origem da vida hassídica tenha sido profundamente influenciada e formada pelas idéias colocadas na literatura teórica, seu princípio certamente não foi influenciado pela lenda.

O uso ambíguo da palavra "vida" por Buber preparou-lhe uma armadilha. Naturalmente, do ponto de vista estético, a lenda apresenta maiores vantagens e atrativos prestando-se melhor a uma interpretação subjetiva do que os escritos teóricos nos quais uma linha de raciocínio é cuidadosamente desenvolvida e executada. Não obstante, em minha opinião, uma discussão do sentido do hassidismo – mesmo designando-o, como Buber, de "vida hassídica" – deve apoiar-se, decisivamente, nestes escritos. Ora, é bastante revelador que, no curso dos anos, quanto mais Buber desenvolveu e elaborou a "filosofia do diálogo" existencialista e subjetivista, a referência à literatura teórica do hassidismo tornava-se cada vez mais fraca e esparsa. Eu suspeitava que para muitos leitores de Buber esta literatura sequer existiria.

Aparentemente Buber considerava tais fontes muito dependentes da velha literatura cabalística, para poderem ser encaradas como genuinamente hassídicas. E essa dependência é de fato imediatamente evidente. Boa parte delas, incluindo alguns dos livros hassídicos mais famosos, foi escrita inteiramente na linguagem da cabala, constituindo um problema básico da pesquisa determinar exatamente onde estas idéias se desviavam dos predecessores cabalistas. Os autores hassídicos, obviamente, não imaginavam haver rompido com a tradição gnóstica da cabala e, por mais que Buber não quisesse admiti-lo, escreviam clara e obviamente como gnósticos. Quando Buber reclamava que as lendas do hassidismo eram a realização autenticamente criativa deste movimento, colocou-se numa posição singularmente paradoxal. Ele teria que sustentar que a originalidade do movimento se manifesta, genuinamente, num gênero literário que surgiu quase cinqüenta anos após o período em que o hassidismo foi, de fato, produtivo e em que produziu todos os escritos teóricos que Buber tão decididamente deixou de lado. Esta posição, simplesmente, não é sustentável.

Para resumir, ao fazer uma escolha, deixando de lado tudo que possa conflitar com suas pretensões, Buber pretendia uma autoridade que não lhe podemos conceder. Descrever o mundo do hassidismo, o modo de vida que propagava e o ensinamento de seus mestres apenas a partir das lendas corresponderia a apresentar a mística do islã considerando apenas os epigramas dos grandes sufistas, sem levar em conta a extensa literatura teórica (e igualmente "gnóstica") ou descrever o catolicismo selecionando e interpretando os mais belos ditos dos santos da Igreja sem levar em conta a teologia dogmática. Tal procedimento na verdade é possível e uma análise ou mesmo uma mera compilação dos ditos dos grandes espíritos iria, sem dúvida, fornecer perspectivas maravilhosas ao mundo do sufismo ou do catolicismo. Estas afirmações, refletindo a reação de um indivíduo significativo para o sistema de pensamento em que vive ou modo pelo qual o concebe, possuem, de fato, os traços do que, hoje em dia, chamaríamos de significado existencial. Eu seria a última pessoa a negar tal fato. Mas o ganho e o esclarecimento que extrairíamos da compilação ou mesmo da profunda interpretação dessas palavras ou lendas não nos deveriam induzir a pensar que representam a verdadeira doutrina do sufismo ou do catolicismo, cujas características dogmáticas seriam facilmente obliteradas numa apresentação deste tipo.

Tudo isto se aplica precisamente à seleção do material hassídico feita por Buber. Essas lendas e ditos são, indubitavelmente, de grande valor, possuindo, certamente, grande interesse humano geral. No entanto, se quisermos saber o que realmente significavam em seu contexto original, deveremos recorrer às fontes primárias que Buber relegou a um plano secundário. Veremos, ainda, quão importantes são essas fontes, quando discutirmos o ponto central da interpretação de Buber do hassidismo. Como escritor e até como pregador de uma mensagem, concedemos de bom grado a Buber o direito de escolher o que o atrai, conquanto essa seleção encerre algumas ambigüidades. Mas duvido que essa seleção possa servir de fundamento à compreensão real e científica daquilo que mais atraía Buber no hassidismo.

Naturalmente, existe alguma verdade na concepção de Buber da relação entre hassidismo e cabala. Embora se possa dizer que o hassidismo jamais perdeu seu entusiasmo pelos ensinamentos do Zohar, a bíblia dos judeus místicos e pela cabala luriânica, e, embora nenhuma página de um livro hassídico possa ser entendida sem uma referência constante a essas tradições, permanece, porém, verdade que, ao elaborar as doutrinas teosóficas da cabala, os escritores hassídicos não se revelaram particularmente criativos. Todos os estudiosos do hassidismo concordam que sua maior contribuição reside em outra parte. Os escritores hassídicos usam as velhas fórmulas, conceitos e idéias, conferindo-lhes apenas um novo significado. Buber também tem completa razão quando afirma que os teologúmenos gnósticos, nas mãos do hassidismo, freqüentemente sofreram modificações. No que se transformaram? Em manifestações acerca do homem e do seu caminho a Deus. Os autores hassídicos gostam de reinterpretar a linguagem conceitual da cabala, que, originariamente, se referia aos mistérios da divindade de tal modo que parece dizer respeito à vida do homem e sua relação com Deus. Dá-se grande ênfase à reinterpretação moral do velho vocabulário teosófico. Nos escritos do Rabi Baer de Mesritsch – o discípulo de Baal-Schem, falecido em 1772, que, pela primeira vez, organizou o movimento – encontra-se uma longa seqüência de páginas em que ele, quase sistematicamente, retoma conceitos cabalísticos isolados a fim de explicar seu significado como palavras-chave para a vida pessoal dos fiéis. Por esta razão, não perdem seu significado original, que continua presente, mas ganham dimensão adicional.

Até este ponto poderia concordar com Buber. Mas, novamente, ele leva suas pretensões muito longe quando contrapõe o ideal do cabalista, iniciado nos mistérios divinos, ao do homem simples que, embora desprovido de conhecimento rabínico e gnóstico, realizou a "unidade" em sua vida. Isto parece ser uma falsa alternativa. Os cabalistas jamais excluíram a possibilidade de que um homem simples e iletrado pudesse atingir o mais alto grau de perfeição espiritual, nem o hassidismo declarou este "homem simples" como seu ideal mais elevado. De fato, ele poderia aparecer esporadicamente na lenda hassídica que, justamente neste particular, adotou uma tradição judaica pré-hassídica, muito mais antiga, mas a doutrina hassídica não ensina que ele representa o ideal superior que o discípulo deve realizar. Pelo contrário, ela repete incansavelmente a doutrina da inter-relação necessária entre o homem verdadeiramente espiritual – que sempre aparece como um iniciado gnóstico – e o povo simples. Estes dois tipos de homem podem criar a verdadeira comunidade hassídica, que necessita de ambos, apenas por sua vinculação às "raízes" comuns no mundo espiritual. As lendas hassídicas, que honram a fé dos iletrados, são essencialmente iguais às encontradas em todas as religiões; e apenas em casos muito particulares, iluminam alguns dos valores específicos que a literatura hassídica estabelece como normativos e os métodos que prescreve para atingir comunhão interna com Deus. Esta última preocupação, buscando *communió* com Deus, é o coração do hassidismo.

Concordo com Buber quando afirma:

> O que o hassidismo procura em relação à cabala é a desesquematização do mistério. O velho-novo princípio que ele representa, restaurado numa forma purificada, é o do poder cósmico-metacósmico e o da responsabilidade do homem: "Todos os mundos dependem de suas obras, todos esperam e aguardam pelo ensinamento e boas ações do homem". Este princípio, em virtude de sua intensidade pura, permitiu ao hassidismo tornar-se um *encontro* religioso, não um novo elemento doutrinário... Apenas aqui, tornou-se um centro de um modo de vida e de uma comunidade.

A idéia de que a ação do homem representa um encontro com Deus é, sem dúvida e com razão, central no ponto de vista de Buber. Ela assume enormes dimensões em seus escritos hassídicos, mas suscita a questão: a interpretação deste princípio, realmente, representaria, como ele pretende, o cerne do hassidismo?

De fato, o hassidismo ensina que o homem se encontra com Deus na concretitude de suas ações no mundo. O que pensavam os *hassidim* disto? A resposta é clara: Segundo o grande mito do exílio e da redenção, que é a cabala luriânica, "centelhas" de vida divina e de luz espalharam-se em exílio sobre todo o mundo, contando em ser "elevadas" pelas ações do homem e restauradas a seu local original na harmonia divina de todo o ser. Este mito cabalístico, cujos pormenores intrincados não necessitam ser apresentados aqui – tratei amplamente deste assunto nas *Grandes Correntes da Mística Judaica* –, é, provavelmente, o mais importante legado da cabala ao hassidismo. As muitas variações que este mito sofreu no hassidismo levaram em conta que, desde que estas "centelhas sagradas" deveriam encontrar-se, sem exceção, em todos os lugares, o hassidismo negava, em princípio, a existência de uma esfera de vida puramente secular, que não teria significado para a missão religiosa do homem. Mesmo o que é profano, parecendo irrelevante para a esfera religiosa, contém, de fato, um desafio especificamente religioso para o homem. Em todo lugar há uma oportunidade, talvez uma necessidade, de elevar as "centelhas divinas" e em todo lugar o perigo do fracasso anda à espreita. Assim, a religião não é um caminho trilhado num curso estreitamente circunscrito. Novos caminhos abrem-se em todas as direções e Deus encontra-se no final de cada senda. A consciência religiosa pode descobrir a "centelha" em cada esfera de vida e assim transformar o que é essencialmente profano em algo que possui significado religioso imediato.

A palavra de ordem para esta atitude foi fornecida pelo versículo 3:6 dos Provérbios de Salomão: "Reconhece-o em todos os teus caminhos", que os *hassidim* interpretaram: "Através de cada ação na qual você está envolvido, pode chegar ao conhecimento de Deus, pode encontrá-lo". De fato, o Talmude já chama este versículo "uma pequena palavra da qual dependem todas as principais partes da Torá". Durante a Idade Média, muitos comentaristas procuraram pôr de lado este princípio bastante elementar, procurando interpretá-lo o mais restritamente possível; o hassidismo, na sua maneira mística, restaurou-o em seu significado completo. Atribui-se a seguinte observação ao Rabi Pinchas de Koretz: "Como, então, é possível conhecer Deus em todos os sentidos? É porque, quando Deus deu a Torá, o mundo todo estava impregnado dela. Assim, não há nada que não contenha a Torá e este é o significado do versículo. É herege quem afirma que a Torá é uma coisa e a esfera profana outra". Desde o início do hassidismo, esta doutrina foi sempre encarada como um de seus princípios básicos.

Os autores hassídicos colocaram ênfase especial em alguns domínios "esquecidos" de ações simples e insignificantes, cuja transformação pelo hassidismo em veículos para o sagrado foi um dos aspectos mais originais do movimento. Fiéis a um radicalismo inato – e é como radicais de índole (consoante significado da palavra inglesa) que os *hassidim* têm seu lugar na história judaica – não hesitaram em formular sua posição com paradoxos. "Um bate-papo com o vizinho pode ser o meio de profunda meditação", dizia o Baal-Schem. "O ponto principal do culto religioso", diz outro líder hassídico, "reside precisamente em servi-lo por meio de coisas profanas e não espirituais." "Mesmo nos boatos políticos e nas conversas sobre guerras dos gentios – o máximo de uma conversa vazia e perda de tempo aos olhos dos moralistas judeus daqueles anos um homem pode atingir íntima comunhão com Deus", diz um terceiro. E esta afirmação desconcertante não é mero exagero – seu autor fornece instruções pormenorizadas de como realizar este feito. O Rabi de Polonoie, discípulo do Baal-Schem, faz o seguinte resumo:

> Não há nada no mundo, grande ou pequeno, isolado de Deus, pois Ele está presente em todas as coisas. Por isso, o homem perfeito pode realizar meditações profundas e atos contemplativos de "unificação", mesmo em ações terrenas como comer, beber, relacionar-se sexualmente e até mesmo em transações comerciais.

A atitude contemplativa de concentração espiritual mística, que, na terminologia cabalística, se denomina unificação (em hebraico: *yihudim*; no singular: *yihud*), não precisa realizar-se mais em isolamento e distanciamento do mundo; pode ocorrer no mercado e, precisamente, em locais que parecem ser mais afastados do âmbito espiritual. É aqui que o verdadeiro *hassid* encontra o cenário perfeito para uma realização perfeitamente paradoxal.

Seria esta realização realmente paradoxal? Neste ponto estamos diante do princípio central da interpretação de Buber do hassidismo. A doutrina que acabamos de discutir é um fato de história intelectual. Como deve ser ela compreendida? Que tipo de contato com a realidade concreta das coisas o homem pode ter, de acordo com esta teoria radicalmente mística, ao elevar as centelhas sagradas? Conseguiria o homem chegar à intimidade com o concreto em sua verdadeira concreção; isto é, com a "vida como ela é"? Ao usar esta frase, cito Buber, que afirma, com grande clareza e convicção, "ter o hassidismo inflamado em seus partidários uma alegria no mundo *como ele é*, na vida *como ela é*, a cada hora da vida neste mundo como é esta hora" e ensinou uma "alegria permanente, inquebrável e entusiástica no Aqui e Agora".

Esta tese de longo alcance constitui o fundamento da interpretação existencialista de Buber do hassidismo como ensinamento da completa realização do Aqui e Agora. Parece-me que podemos alcançar uma compreensão mais precisa da verdadeira natureza dialética da doutrina hassídica deixando claro o que torna tão dúbia a tese de Buber. Naturalmente, o hassidismo conhece, num certo sentido, a alegria e a afirmação da realidade – fato que nunca escapou à atenção dos muitos autores sobre o hassidismo.

No entanto, a doutrina hassídica sobre a relação com o "concreto" é mais complicada e parece-me afastar-se da interpretação de Buber. Isto é claramente visível na alteração que os autores hassídicos promoveram na doutrina cabalística da elevação das centelhas, que eu gostaria de explicar com a maior precisão possível.

A doutrina da elevação das centelhas, graças à atividade humana, significa que existe, de fato, um elemento na realidade com o qual o homem pode e deve estabelecer uma comunhão positiva, mas a liberação ou realização deste elemento simultaneamente *aniquila* a realidade, na medida em que "realidade" significa, como para Buber, o Aqui e Agora. Pois a "inquebrável e entusiástica alegria" que o hassidismo exigia de seus fiéis não é uma felicidade do Aqui e Agora. Na alegria – e poderíamos dizer com Buber: em tudo o que faz com toda concentração – o homem entra em relação não com o Aqui e Agora, como concebe Buber, mas com o que está *oculto* no invólucro essencialmente irrelevante do Aqui e Agora. A alegria de Buber com a vida, como ela é, e com o mundo, como ele é, parece-me uma idéia bem mais moderna e devo dizer que as expressões hassídicas parecem exprimir um espírito bastante diverso. Não nos ensinam a gozar a vida como ela é, mas aconselham-nos – ou melhor: exigem de nós que extraiamos, ou melhor, que destilemos da "vida como ela é" a vida eterna de Deus. Mas este é o ponto marcante: a "extração" é um ato de abstração. Não é a fugacidade do Aqui e Agora que deve ser desfrutada, mas a unidade eterna e a presença da transcendência. É, precisamente, a este conceito de abstração na alegria e na elevação das centelhas que se opõe a interpretação de Buber. Buber livra-se dele porque se choca com o interesse essencial do hassidismo como uma doutrina existencialista antiplatônica. Buber afirma: "Aqui, onde nos encontramos, a vida divina oculta deve resplandecer". Esta fórmula encerra, de fato, uma autêntica doutrina hassídica, mas com uma ambigüidade imperceptível aos leitores de Buber. Pois é, precisamente, no ato de fazer resplandecer a vida oculta que destruímos o Aqui e Agora, em vez de – como Buber pretende – realizá-la em sua concepção plena.

É interessante notar que a frase de Buber pode ser literalmente encontrada em escritores cabalistas como Moisés Cordovero, representando uma tese gnóstica cujo sentido não é alterado em nada pelo ensinamento hassídico. Quando você vir uma linda mulher, afirma o já citado Rabi Dov Baer de Mesritsch, não deveria, de modo nenhum, pensar em sua beleza na forma concreta e tangível – isto é, como ela existe no Aqui e Agora concreto – mas menosprezar sua realidade concreta e dirigir o espírito à beleza divina que resplandece através do fenômeno concreto. Então, não irá mais perceber o belo e sedutor Aqui e Agora, constituído por essa mulher, mas a qualidade ideal e eterna da própria beleza, que é um dos atributos divinos e uma das esferas de sua manifestação; isto o levará à contemplação da fonte de toda a beleza no próprio Deus. Afirmações deste tipo são inúmeras na literatura hassídica. Elas valem-se do encontro concreto do homem com a realidade como trampolim para transcender a realidade, não para cumpri-la. Este tom platônico soa algo diferente da exaltação do Aqui e Agora de Buber e a mística hassídica não é tão mundana como os leitores de Buber se inclinam a supor. O Aqui e Agora é transcendente e desaparece quando o elemento divino se apresenta em contemplação, faculdade ética que os *hassidim* nunca se cansaram de assimilar. Como ocorre freqüentemente na história do misticismo, aqui, também, a ação humana se enche de significado contemplativo, transformando-se, assim, em veículo do agir místico.

Além do mais, a concepção hassídica da realização do concreto, que é, em última instância, o que nos preocupa aqui, contém um elemento essencial de destruição, de que a análise de Buber, tanto quanto percebo, compreensivelmente não toma conhecimento. O Baal-Schem e seus seguidores, contudo, tinham clara consciência deste elemento, que se repete freqüentemente na literatura clássica. Deixe-me citar apenas uma afirmação particularmente característica atribuída ao Baal-Schem para tornar claro este ponto. Ela foi transmitida por Rabi Wolf de Schitomir.

Certa vez, o Baal-Schem perguntou a um dos maiores sábios de sua geração acerca de sua relação com a oração: "O que você faz e em que você pensa no momento da oração?" Ele respondeu: "Prendo-me a toda vitalidade individual presente dentro de todas as coisas criadas. Pois em toda e cada coisa criada deve haver uma vitalidade que deriva da emanação divina. Uno-me a elas quando dirijo minhas palavras a Deus a fim de que minha oração penetre as regiões superiores". Então, o Baal-Schem disse-lhe: "Se é assim seu procedimento, você acaba por destruir o mundo, pois, ao drenar a vitalidade dos objetos e elevá-los a um nível superior, você priva a individualidade concreta de sua vitalidade". Ele argüiu: "Mas como poderia drenar sua vitalidade ao unir-me a eles?" O Baal-Schem respondeu: "Suas próprias palavras indicam que sua oração não pode ter muito peso, pois você não crê que, através da oração, tem o poder de extrair a vitalidade das coisas".

Aqui temos a tese clara e radical: a realização efetiva e definitiva da comunhão tem caráter destrutivo. E a solução que o autor oferece para este dilema mostra o caráter dialético dos conceitos de comunhão e elevação. Este ato, em que tudo que é vivo nas coisas individuais se eleva a um nível superior, é apenas momentâneo e pode não durar. No mesmo instante em que se extrai a força vital das coisas, devemos imediatamente reintegrá-la. Ou, como diversos autores hassídicos preferem formular: é necessário reduzir as coisas ao nada a fim de devolvê-las à sua verdadeira natureza. Apenas adeptos verdadeiros podem realizar essa ação esotérica, fato de que o autor tem plena consciência. A opinião de Buber de que o hassidismo renunciou ao esoterismo não se sustenta a partir de uma análise dos ditos do Baal-Schem. Esta ação também não resulta, como Buber pretende, na realização do concreto em sua concreção. Porque, como indicam claramente as afirmações do Baal-Schem, não é da essência deste ato que ele seja apenas momentâneo e sem duração. Sua ruptura é apenas acidental, causada pela decisão do homem de interrompê-lo ou por sua fraqueza e inabilidade em sustentar tal penetração e comunhão destrutiva. Conseqüentemente, esta penetração é mais propícia para esvaziar a concretitude do que, como pretende Buber, para preenchê-la totalmente. Poderíamos, talvez, afirmar que o diálogo relatado pelo autor hassídico poderia retratar um diálogo entre o Baal-Schem e Buber.

A literatura clássica do hassidismo – os escritos dos grandes discípulos do Baal-Schem – também contradiz a interpretação de Buber, em outros aspectos, ao tratar algo desdenhosamente, a existência ou o fenômeno individual e concreto. As expressões hebraicas para o concreto, em oposição ao que Buber nos induz a pensar, sempre possuem um matiz desfavorável. Somente assim, pode-se entender por que o "despojamento da corporalidade", bem no espírito do misticismo, mas não no da interpretação de Buber, serve como um ideal superior, que pode ser obtido na oração ou na meditação. O Aqui e Agora oferece, certamente, valiosa oportunidade para um encontro entre Deus e o homem, mas este encontro somente pode ocorrer onde o homem desvela uma outra dimensão no Aqui e Agora – um ato que faz o "concreto" desaparecer. Em outras palavras, o concreto, no sentido de Buber, nem existe no hassidismo. O Aqui e Agora da existência criada não é idêntico àquilo que ela deixa transluzir, assim que se torna transparente. A suposição desta identidade contradiz a autêntica doutrina hassídica, que torna a percepção da substância divina de toda a existência dependente precisamente do esvaziamento do fenômeno concreto do próprio peso e significado individual.

A formulação de Buber sempre apaga esta diferença essencial. Por outro lado, ela estabelece distinção entre a elevação platônica do concreto no reino das idéias e a apropriação existencial das centelhas divinas ocultas em todas as coisas. Mas esta distinção pertence inteiramente à interpretação pessoal de Buber e não apresenta, de modo algum, idêntica nitidez nos textos hassídicos. Para os *hassidim*, a realização, a assunção da realidade, é um empreendimento precário. Sob o impacto dessa realização, como indicado na doutrina da elevação das centelhas, a própria "realidade" pode romper-se. Pois não é a *concreta* realidade das coisas que aparece como o resultado ideal da ação dos místicos, mas algo da realidade *messiânica* na qual todas as coisas foram reintegradas ao lugar preciso no esquema da criação e, assim, profundamente transformadas e transfiguradas. Assim, os conceitos da realidade e concretitude significam para os *hassidim* algo totalmente diferente do que para Buber. Ele utiliza estes termos tanto para designar o domínio do Aqui e Agora como para significar o reino da existência transformada – circunstância que contribui para obscurecer o problema suscitado por sua interpretação. Já que os *hassidim* deram grande ênfase à doutrina de que a atividade humana não seria capaz de trazer ou revelar o Messias – ponto que também permanece obscuro nos escritos de Buber – então, somente lhes restava prescrever caminhos e meios para que o indivíduo usasse o concreto como veículo do abstrato e, desta forma, da última fonte de todo ser. Isto poderia ser, conquanto dissimulado na linguagem de uma religião muito pessoal, uma teologia convencional, longe de ser tão excitante como a nova interpretação de Buber; em todo caso, é isto que o hassidismo sustentava.

No entanto, não se deveria subestimar a possibilidade de que a doutrina da elevação das centelhas, na prática, tivesse sido entendida pelos *hassidim* de um modo menos dialético do que o originalmente concebido. A teoria hassídica, tal como apresentada pelo próprio Baal-Schem e pelos discípulos mais representativos, jamais perdeu consciência das conseqüências destrutivas derivadas desta doutrina e buscou meios e caminhos para evitá-las. Mas queixas de amigos e inimigos testemunham, por igual, que a prática era mais primitiva que a teoria. Para muitos *hassidim*, elevar as centelhas significava viver uma vida mais completa. Não se tratava de esvaziar o real pela remoção das centelhas, mas de preenchê-lo, trazendo-as para dentro dele. Nesta concepção, as centelhas divinas não apareciam como elementos metafísicos do ser divino, mas como sentimentos subjetivos de alegria e afirmação, projetados na relação do homem com o meio. Isto, não obstante, é uma visão ditada não pela teologia dos fundadores do hassidismo, mas pela opinião de alguns de seus discípulos. E, naturalmente, esta visão popular ou vulgar, que, às vezes (mas nem sempre!), se reflete no mundo da lenda hassídica, legitima relativamente a concepção altamente simplificada de Buber. Mas daí a chamar esta como sendo a mensagem do hassidismo parece-me longe da verdade.

Tratei aqui, pormenorizadamente, de um ponto central da interpretação de Buber do hassidismo. Caso procedêssemos à análise de outros importantes conceitos, enfrentaríamos a mesma tarefa de examinar as afirmações de Buber à luz da literatura teórica do hassidismo. Então, descobriríamos que os termos curiosamente vagos e ambíguos que Buber usa são quase, mas nem sempre, hassídicos. Nada ilustra melhor isto do que a seguinte afirmação: "Na mensagem hassídica, a separação entre 'viver em Deus' e 'viver no mundo', o mal primário de toda a 'religião', é superada na unidade genuína e concreta". Esta frase parece indicar que a responsabilidade do homem é infinitamente mais importante do que as formulações dogmáticas da religião institucional. O fato, porém, é que aquilo que Buber denomina o mal primário de toda religião está muito próximo do centro do ensinamento hassídico. A unidade concreta de Buber, no que diz respeito ao hassidismo, é ficção, porque "viver no mundo" deixa de ser vida no mundo, quando as origens divinas aparecem na contemplação, assim transformando-a em "vida em Deus". Não é surpreendente, portanto, que, contrariamente a Buber, os escritos hassídicos mantenham a separação básica que ele tanto lamenta.

Isto conduz-nos a um ponto que deveria ser decisivo para a interpretação de Buber e para a diferença entre ele e o fenômeno histórico do hassidismo. Para dizer francamente, o fato é que Buber é um anarquista religioso e seu ensinamento é um anarquismo religioso. Com isto, entendo o seguinte: a filosofia de Buber exige do homem que siga uma direção e tome uma decisão, mas não diz que direção ou qual decisão. Pelo contrário, ele afirma explicitamente que tal direção ou decisão só pode ser formulada no mundo do Isto, onde o mundo do Eu e Tu vivos torna-se objeto e morre. Mas no mundo da relação viva nada pode ser formulado e não há nenhum mandamento. Certo ou errado, o hassidismo não poderia compartilhar desta visão essencialmente anarquista, já que permanecia vinculado à tradição judaica. E esta tradição apresenta um ensinamento em que direções e decisões poderiam ser formuladas, e é o ensinamento acerca do que deveria ser feito. Este pano de fundo permite explicar o interesse enfático do hassidismo no *como* de tal ação. Para Buber, toda a ênfase recai no mundo do *como*. "Não mais a ação estabelecida, mas a consagração de toda a ação torna-se decisiva". Este conceito de consagração, freqüentemente recorrente nos textos de Buber, fornece a chave para este tipo específico de anarquismo religioso. Esta "consagração" é a intensidade moral e a responsabilidade que determina o *como* na relação entre o homem e sua ação, mas não seu conteúdo. Com admirável consistência, Buber sempre recusou prender-se à matéria dessa ação, a qualquer quê. Por isto, as referências à Torá e ao Decálogo, que para o hassidismo ainda significavam tudo, tornam-se bastante nebulosas na apresentação de Buber. É certo que a mística judaica, ao desenvolver certa concepção do significado da revelação, expandiu o domínio no qual a Torá, como sistema valorativo último, referia-se. Mas ainda é identificada como Torá e a separação a que Buber alude tão depreciativamente mantém-se no hassidismo. Quando a separação dos âmbitos é superada, isto ocorre à custa da "vida no mundo", consoante demonstra claramente a afirmação supracitada de Rabi Pinchas de Koretz. A interpretação de Buber do significado de tais conceitos hassídicos como "intenção" e "qualidade do fervor", que acompanham a ação humana e que se supõem permeá-la, pode representar uma formulação impressionante do princípio básico do anarquismo religioso; mas, em conexão com sua interpretação do hassidismo, esta interpretação isola um momento, que tem significado apenas no contexto de outras considerações que Buber negligenciou, e o dissolve no indeterminado e indeterminável completo.

A interpretação de Buber assinala a singularidade da tarefa que confronta cada indivíduo. "Todos os homens têm acesso a Deus, mas cada qual de um modo diferente." Isto é certamente verdade, mas não é uma novidade de uma religião pessoal introduzida pelo hassidismo. Pelo contrário, esta idéia provém originariamente da cabala luriânica, isto é, da mesma gnose que Buber em seus escritos posteriores encara obliquamente. Ela sustenta que cada homem deve erguer as centelhas sagradas pertencentes especificamente à sua própria raiz espiritual na grande alma de Adão, a alma comum de toda humanidade. Pois, outrora, cada alma e raiz de alma tinham lugar especial na alma de Adão. O que o hassidismo fez foi formular esta teoria de modo popular, conferindo-lhe tom mais pessoal. Assim, a doutrina hassídica das centelhas, que esperam um encontro e uma elevação no meio pessoal e social do homem, representa realmente "a cabala transformada em *etos*".

Outro exemplo da peculiar vagueza com que Buber emprega os termos hassídicos é o uso da palavra *ihud* ("unificação"), que ele considera de grande importância. Na fraseologia cabalística, os *hassidim* usam *ihud* com o significado de um ato contemplativo mediante o qual o homem se une ao elemento espiritual concentrando a mente nas letras sagradas da Torá, que é também o livro sagrado da natureza. Buber, contudo, afirma que o *ihud* não é uma fórmula mágica ou um procedimento como na cabala. Pelo contrário, "não é nada mais que a vida ordinária do homem, apenas concentrada e apontada para um objetivo de unificação". Pode ter havido *ihud* no sentido mais antigo, mas "este componente mágico jamais tocou o centro da doutrina hassídica". Contudo, devo dizer que não consigo antever nenhum novo matiz no emprego hassídico do termo. Na literatura antiga, *ihud* tem sempre dois significados, que não sofreram mudança nos textos hassídicos. O primeiro deriva dos cabalistas e designa sempre alguma meditação especial que deve acompanhar um ato específico, uma meditação pela qual alguém se incorpora a certa realidade espiritual: seja ela a alma de um santo homem ou suas centelhas, ou um dos nomes de Deus ou um de seus atributos. Neste uso, o termo também significa o resultado atingido por tal meditação. O segundo significado de *ihud* deriva da famosa obra ética de Bahya ibn Pakuda, *Os Deveres do Coração*, na qual se refere à consciência ou à ação dirigida a Deus. Neste sentido, o termo emprega-se sempre no singular. Quando aparece no plural, só pode ter o sentido que o cabalismo lhe atribui, relativo exclusivamente à contemplação e não à unidade concreta da vida humana alcançada por intensa concentração, como queria Buber. Os atos de *ihud* consumam-se mediante a comunhão contemplativa com a interioridade das "letras" que estão impressas em todo ser. Em todos os ditos do Baal-Schem que conheço, o termo é empregado neste preciso sentido técnico. Por isto, as traduções de Buber de numerosas passagens sobre o *ihud* são muito modernas e sugestivas, porém, inaceitáveis.

Resumindo, pode-se afirmar que os méritos da apresentação de Buber das lendas e ditos hassídicos são, de fato, muito grandes. Precisamente na forma madura dos adágios, que domina os escritos recentes, esta apresentação resistirá, em larga medida, à prova do tempo. Porém, a mensagem espiritual que ele registrou nestas obras está muito presa a presunções que não têm raízes nos textos, mas derivam da própria filosofia do anarquismo religioso e do existencialismo. Nesta descrição do hassidismo, muito é deixado de lado, enquanto o que nela se inclui está sobrecarregado de especulações muito pessoais. Pode ser que tenham caráter sublime e talvez tenham forte apelo à consciência moderna. No entanto, se o que queremos é compreender o verdadeiro fenômeno do hassidismo, tanto no auge como na decadência (inter-relacionados em muitos aspectos), temo que teríamos que recomeçar desde o início.

Pós-escrito

Em uma curta resposta à primeira publicação desta análise, Buber (no final de seus *Schriften zum Hassidismus*, 1963, pp. 991-998) comentou uma vez mais acerca da relação entre ensinamento e lenda com a vida da comunidade na história das religiões. A minha resposta é a seguinte:

I

As afirmações de Buber – que, enquanto dizem respeito a aspectos gerais, dificilmente encontrarão qualquer oposição essencial – não tocam no ponto central da nossa discussão. A doutrina do hassidismo foi desenvolvida pelos discípulos imediatos do Baal-Schem e do Maggid de Mesritsch, usando conceitos que os próprios mestres empregaram – e estes eram conceitos cabalísticos. Ao mesmo tempo, estes discípulos escreveram sobre o pleno impacto desta nova vida grupal, que eles mesmos ajudaram a criar. Não há nenhum fundamento na tradição hassídica para se estabelecer uma possível contradição entre a especificidade desta vida grupal e os conceitos nos quais ela se plasmou. Justamente os escritos nos quais o que Buber denomina elemento epigônico menos aparece, e o impulso original efetivo ganha nítida expressão, reproduzem, de modo característico, muitas máximas do Baal-Schem (claramente distintas do estilo dos discípulos), mas não são lendas no sentido de Buber. O ponto saliente de minha crítica é que estes escritos contradizem completamente as asserções de Buber acerca da vida hassídica, tal como ele as formulara em seus escritos tardios, e que ele passa, em silêncio, por esta contradição a fim de se concentrar em adágios mais fáceis de serem reinterpretados a seu modo. Ele até procura tornar plausível que, talvez, estes adágios poderiam ser tão antigos como os escritos teóricos, mas isto dificilmente se comprova *in concreto*, enquanto, em muitos casos, justamente o oposto é demonstrável. É precisamente a análise das fontes mais antigas da lenda hassídica que torna isto claro. Quanto mais antigo e autêntico for o marco histórico e social no qual se movem e se incluem muitas destas antigas lendas, menos elas se colocam em contradição real com os escritos teóricos, produzidos no mesmo meio e num tempo consideravelmente anterior. Naturalmente, não digo que as lendas são desprovidas de valor como prova. O que pretendo dizer é que a interpretação de Buber deve ser falsa quando, para alguém familiarizado com os textos, ela estabelece uma contradição – e isto aplica-se a pontos cruciais. A invocação de Buber à tarefa especial que ele se impôs e que determinou a seleção do material e sua atitude perante as fontes não muda o quadro. Buber não gosta quando a subjetividade óbvia de sua seleção é enfatizada e, em resposta, refere-se à "confiabilidade de quem procede segundo um critério seletivo ao levar a cabo sua tarefa especial". Estou convencido de que sua seleção corresponde, tanto quanto possível, ao sentido de sua própria mensagem. Não estou convencido de que o sentido da mensagem, como ele a formulou, seja o do hassidismo.

II

Gostaria de acrescentar uma palavra acerca do paralelo que Buber estabeleceu em sua resposta entre a anedota hassídica e as histórias Zen. Não creio que tal paralelo possa ser estabelecido. As histórias Zen não são lendas, mas, e isto não aparece nas afirmações de Buber, exercícios de meditação, pertencendo, assim, a um gênero completamente diferente. O fato de elas estarem revestidas da forma de contos não as torna lendas. Trata-se, no caso delas, exclusivamente de afirmações que, à primeira vista, são desprovidas de sentido ou possuem caráter altamente paradoxal. Os discípulos estão incumbidos de meditar sobre elas durante semanas ou meses a fim de atingir a iluminação. Elas transmitem uma realidade mística que, por não poder ser alcançada por máximas, culmina na asserção de paradoxos definitivos. A anedota hassídica, precisamente como foi canonizada com tanta maestria nas novas formulações de Buber, constitui assunto inteiramente diferente. Seu sentido e sua profundidade são imediatamente revelados e transmitem algo que pode ser transmitido. Assim, move-se numa esfera totalmente diferente da experiência religiosa. Não acredito que esta contraposição possa permitir melhor compreensão do caráter específico das histórias hassídicas. A configuração anedótica do *koan*, que menciona nomes e acontecimentos, é mais próxima da forma usada pelos grandes professores de jurisprudência para apresentar exercícios aos alunos em seminários do que da lenda religiosa.

A fim de tornar claro quão pouco a seleção de Buber do material hassídico pode ser comparada à categoria das afirmações provocativas e ininteligíveis de Zen, gostaria de relatar uma história que trata do próprio Buber. Perguntei, certa vez, a Buber por que ele havia suprimido as significativas e insondáveis palavras sobre a era messiânica transmitidas em nome do Rabi Israel de Rishin (citadas parcialmente no ensaio "Para a Compreensão da Idéia Messiânica no Judaísmo"*). Hei de sempre lembrar-me de sua resposta: "Porque não as compreendo".

---

* "Zum Verständnis der messianischen Idee in Judentum", *Judaica 1*, pp. 7-74. (N. do A.)

2. NUM DIA MEMORÁVEL (M. B.)

Meu caro senhor Buber, como em um tradicional *siyyum* judaico marcando a conclusão de um estudo, reunimo-nos hoje em sua casa para celebrar a notável ocasião do término de sua tradução alemã da Bíblia. Esta é uma oportunidade significativa para lançar um olhar retrospectivo sobre a obra, seu escopo e consecução. Alguns de nós testemunhamos e seguimos o desenvolvimento desta obra desde o início e podemos bem entender o sentimento de satisfação que deve acompanhar-lhe a conclusão.

O senhor é um homem que sempre demonstrou grande perseverança e tenacidade em seus empreendimentos. Mais de cinqüenta anos foram dedicados à conclusão da obra hassídica, que o acompanhou ao longo da vida. E, se não estiver enganado, passaram-se 35 anos desde que recebemos o primeiro volume da tradução feita pelo senhor e por Franz Rosenzweig. Não conheço exatamente as circunstâncias que o fizeram decidir-se a começar esse projeto em conjunto com Rosenzweig, em 1924 ou 1925. Então, já me encontrava na Palestina. Creio que foi – como às vezes ocorre – um impulso providencial, o tipo de pura coincidência que nunca é inteiramente fortuita, que um jovem editor, Lambert Schneider, o tivesse procurado, solicitando uma tradução da Bíblia. Quando o senhor decidiu assumir esse projeto, assegurando-se da colaboração de Franz Rosenzweig, provavelmente contava que esta tarefa não o ocuparia mais do que poucos anos. E, no entanto, como aconteceu, por mais de uma geração – com poucas interrupções – o senhor devotou a ela grande parte de sua energia e, eu acrescentaria, de seus poderes criativos. Deve ter sido um desafio lidar com um texto que, como as Escrituras, requer mais do que o esforço do artista e a precisão do filólogo, especialmente de pessoas que, como o senhor e Rosenzweig, abordaram o texto de um ponto de vista definitivamente espiritual e sentiram-se atraídos por ele. Assim, o senhor colocou muito de si neste trabalho, mesmo quando pôde expressar isto somente por meio da mais fiel tradução.

Quando recebi o volume do Gênesis, ou melhor, o livro chamado *No Início*, escrevi-lhe uma longa carta na qual expus toda sorte de considerações. Não me recordo exatamente do que lhe escrevi, mas ainda tenho sua resposta na qual diz ter encontrado em minha carta a única crítica séria que até então lhe havia sido dirigida. Desde então, sua obra passou por muito mais do que o crisol da crítica. Ela comprovou ser uma realização histórica e revelou ser um tipo especial da dádiva. Sobre isto, falaremos mais tarde. Ninguém foi crítico mais severo, obstinado e determinado de sua própria obra do que o senhor, o artista mestre da linguagem e homem religioso que constantemente lutava pela precisão e riqueza de expressão que poderiam satisfazer sua intenção.

Quando penso no que possa, de fato, ter sido a principal finalidade, sua e de Rosenzweig, neste projeto, fico tentado a dizer que foi um apelo ao leitor: Vá e aprenda hebraico! Pois sua tradução não foi, de modo algum, uma tentativa de elevar a Bíblia, através da língua alemã, a um nível de compreensão mais clara, acima de todas as dificuldades. Mais precisamente o senhor tomou o cuidado especial de não tornar a Bíblia mais simples do que ela é. O que é claro permanece claro; o que é difícil permanece difícil e o que é incompreensível permanece incompreensível. O senhor não logra o leitor, nem lhe faz concessões. O leitor é reconduzido constantemente à sua própria reflexão e deve perguntar-se tal qual a sua intenção – o que aqui se pretende exprimir. O senhor não aplainou os obstáculos, nem tornou as coisas mais fáceis. Pelo contrário: O senhor mostrou um senso especial para os obstáculos e as dificuldades que permanecem ocultos até o curso aparentemente não problemático da prosa e poesia. Quase afirmei: O senhor tornou o texto mais áspero a fim de deixar as palavras afetarem os leitores com uma rapidez muito maior. O método que o senhor achou útil foi o de buscar a maior literalidade possível, a literalidade que, por vezes, parecia ultrapassar limites. O senhor tinha uma concepção definitiva da estrutura fundamental da língua hebraica e procurou expressar isto em sua tradução. Nenhuma palavra substituta, nenhuma transição que o hebraico não conheça. Nenhuma futilidade com o sublime, quando este se mostra na sua própria grandeza tosca.

E há algo mais. Não sei se o senhor tinha, então, consciência de quais seriam os efeitos de seu método com toda sua severidade. Creio, no entanto, haver encontrado a palavra certa para isto em seus próprios escritos mais recentes. Há poucos dias, li suas breves, mas significativas, reflexões filosóficas acerca do significado da *Palavra Falada*, que o senhor havia escrito em 1960 como um autêntico sumário de seu pensamento sobre a linguagem. Tomei consciência de que o que lhe importava na tradução era a palavra falada. O senhor não estava interessado em traduzir a Bíblia como literatura:

não era importante a qualidade literária, o que o leitor poderia captar com os olhos, mas o reino da palavra viva, falada. É uma característica única de sua tradução que ela usa de todos os meios para forçar o leitor a ler o texto em voz alta. Pela sintaxe e escolha das palavras e, ainda mais, pela separação de frases em "unidades de respiração", o leitor é forçado, tanto quanto um texto escrito permite, a ler em voz alta. As frases são impressas de tal modo a possibilitar sua divisão em linhas segundo o ciclo natural de respiração. Assim, em sua obra, o senhor forneceu umá das mais significativas ilustrações da noção de estrutura no discurso literário, que, desde aqueles dias em que o senhor e Rosenzweig iniciaram o trabalho, passou a ser conhecida como colometria. A palavra bíblica como palavra falada, como recitativo, esteve sempre diante de seus olhos, ou melhor, seus ouvidos e nenhum tradutor jamais o superou neste particular. Esta natural fidelidade ao original traz consigo outra bênção. Sua tradução não é apenas uma tradução, ela é, sem acrescentar uma palavra de explicação por si só, também um comentário. Sempre quando encontrávamos partes difíceis da Bíblia, muitos de nós nos perguntávamos: o que Buber tem a dizer sobre isto? Não muito diferente do que se nós nos perguntássemos: o que Raschi diz? Esta incorporação do comentário, mesmo dentro da literalidade mais estrita da tradução, parece-me uma das maiores realizações de sua obra.

A longa interrupção que se seguiu à publicação da maior parte de sua tradução por Lambert Schneider e Schocken permitiu-lhe retrabalhá-la ao longo dos últimos anos para a nova edição, completa e definitiva; o senhor colocou-a em harmonia com seu novo senso da linguagem, assim como o conhecimento exegético de seus anos maduros. Não comparei as duas versões na sua inteireza, mas li o suficiente de ambas para arriscar o seguinte comentário: se eu tivesse que caracterizar a diferença entre as duas versões, a velha e a nova, eu falaria – se me permite o emprego desta palavra – da extraordinária urbanidade da última versão. Quero dizer o seguinte: a primeira versão possui, em toda sua grandeza, também um elemento de fanatismo. Este fanatismo pareceu-nos inseparável de seu empreendimento. Ele buscava levar as palavras ao limite, extraindo – quase diria esculpindo – a partir da linguagem um extremo, sim, um excesso de dureza e precisão. Não foi sempre simples recuperar a representação melódica de grandes textos, o *nigun* da linguagem. E, no entanto, este foi o objetivo fixado para o leitor. Embora, como o senhor sabe, não tenha eu nada contra fanáticos e, certamente, nada contra fanáticos da linguagem, a indubitável urbanidade da nova versão parece-me a maior virtude. Sem abrir mão da finalidade e do método de sua tradução, o senhor alcançou algo de muito cativante e agradável. É possível ler, agora, muitas de suas frases sem um sentimento de ansiedade; não se sacrificou a precisão, mas há sinais de um recuo a uma esfera da linguagem, da palavra falada mais comedida e afável. Isto indica uma maestria que não requer mais a extravagância, mas é capaz de lograr seu intento, mesmo com discrição válida. As palavras do discurso bíblico não mais se encontram naquele estado de tensão com seu *melos*, que nós, às vezes, sentíamos na tradução anterior. É um desígnio maravilhoso ter o senhor podido completar uma obra de tal maturidade, de tal sabedoria exegética e fidelidade lingüística.

Finalmente, há uma última consideração que determinou o caráter especial de sua tradução em ambas as versões. É um dos grandes paradoxos deste empreendimento que, em uma tradução que, em última análise, verte a Bíblia como a palavra de Deus, o nome de Deus como tal não apareça. É substituído pelo uso enfático e proeminente do Eu, Tu e Ele. Por meio destes pronomes apenas, podemos apreender Deus com muita clareza, embora de modo indireto como nos convém. Esta não é a menos significativa das inúmeras e arrojadas inovações da tradução. Ela se fundamenta na convicção de que, em um livro que fala do domínio de Deus na criação e na história, o nome de Deus, que se achava acessível aos autores antigos, aparece indiretamente. Desta maneira, o senhor encontrou um compromisso criativo entre a reverência tradicional dos judeus que proíbe pronunciar o nome de Deus e a obrigação de tornar a palavra bíblica legível, isto é, audível.

É o que tínhamos a dizer em apreço e gratidão à sua obra. O senhor não deixou de estudar comentários e supercomentários, dicionários alemães e hebraicos, filólogos, no bom e no mau sentido. Na escolha final das palavras, o senhor tomou uma posição, sem usar como meio a tradução para exercer crítica. E assim podemos expressar-lhe nossos agradecimentos e congratulações pelo término da obra.

E, no entanto, não é possível terminar sem dizer uma palavra acerca do contexto histórico de sua obra, que deve permanecer como uma questão, uma questão bastante preocupante. Quando o senhor e Rosenzweig iniciaram este empreendimento, havia um judaísmo alemão; imaginava-se que sua obra iria exercer influência vital sobre ele, iria elevá-lo e trazê-lo às origens. Havia também uma língua alemã na qual os senhores poderiam encontrar um elo com grandes tradições e realizações e com desenvolvimento significativo desta língua. Os senhores mesmos esperavam elevar esta língua a um novo nível através de sua obra. Havia um elemento utópico em seu empreendimento. Pois a língua para a qual os senhores traduziam não era a do cotidiano nem a da literatura alemã de 1920. Visavam a um alemão que, alimentando-se de tendências anteriores, estava potencialmente presente na linguagem e foi justamente este elemento utópico que tornou sua tradução tão excitante e estimulante. Se os senhores desejavam isto conscientemente ou não, o fato é que sua tradução – que partiu de uma associação entre um sionista e um não-sionista – foi uma espécie de presente que o judaísmo alemão deu ao povo alemão, um ato simbólico de aptidão após sua partida. E que presente dos judeus à Alemanha poderia ser tão pleno do significado histórico como a tradução da Bíblia? Mas os acontecimentos tomaram um rumo diferente. Temo (ou espero) provocar sua contestação, mas não poderia deixar de perguntar a quem se dirige esta tradução e quem ela irá influenciar? Vista historicamente, não é mais um presente dos judeus aos alemães, mas antes – e não me é fácil dizê-lo – a lápide de um relacionamento que se extinguiu em um horror indescritível. Os judeus para quem os senhores traduziram não mais existem. Seus filhos, que escaparam deste horror, não mais lerão o alemão. A própria língua alemã sofreu profunda transformação nesta geração, como todo mundo que, em anos recentes, teve contato com a nova língua alemã sabe. E ela não se desenvolveu na direção daquela utopia lingüística a que seu empreendimento empresta testemunho tão impressionante. O contraste entre a língua comum de 1925 e sua tradução não diminuiu nos últimos 35 anos, tornou-se maior.

E o que os alemães farão com sua tradução, quem poderia atrever-se a dizer? Pois ocorreu algo mais aos alemães do que o poeta previu, quando disse:

> *und nicht Übel ist, wenn einiges*
> *verloren gehet, und von der Rede*
> *verhallet der lebendige Laut.*

[Não é mau se certas coisas se perdem,
e se o som vivo desaparece
gradualmente do discurso]

Para muitos de nós, o som vivo que os senhores procuravam evocar na língua alemã desvaneceu-se, surgirá alguém para recuperá-lo?

3. OS TRINTA E SEIS JUSTOS OCULTOS NA TRADIÇÃO JUDAICA

Com a publicação do romance de André Schwarz-Bart, *O Último dos Justos*, que através de sua temática e exposição conquistou tantos leitores, a atenção voltou-se também para a lenda popular judaica que serviu de base para a construção do livro. Essa lenda, que se encontra amplamente divulgada no folclore judaico, fala dos Trinta e Seis *Tzadikim* ou justos, nas mãos dos quais, ainda que desconhecidos ou ocultos, está o destino do mundo. O autor de tal livro proporciona a essa tradição uma expressão extremamente criativa. Segundo alguns talmudistas, ela remonta, diz ele, até as épocas mais antigas. Como romancista, Schwarz-Bart não está preso às convenções dos eruditos e pode dar livre curso à imaginação especulativa. Muitos leitores devem ter-se perguntado quais são as verdadeiras fontes e provas sobre essa lenda que exerceu atração tão especial nos escritores judeus que fizeram parte das últimas gerações, sobretudo aqueles que escreviam e escrevem em hebraico e ídiche.

Quais são as origens históricas dessa lenda e como ela se desenvolveu mais tarde? É interessante que, apesar da popularidade dessa idéia em muitos círculos judaicos, não foi realizado qualquer estudo especializado sobre seu desenvolvimento. Na verdade, isso é ainda menos surpreendente do que possa parecer à primeira vista. Pois, enquanto representação da religião popular judaica, ela ganhou em uma época bem tardia uma forma consistente, e poderíamos procurá-la em vão nos numerosos livros nos quais a literatura de edificação judaica da Idade Média procurou aproximar do judeu comum a mensagem do judaísmo.

Nas antigas fontes judaicas da tradição o motivo dos Trinta e Seis Justos é totalmente separado do da existência de justos ocultos. Já um versículo nos provérbios de Salomão na Bíblia diz que o Justo representa o fundamento do mundo, a bem dizer que ele sustenta o mundo. A tradição talmúdica conhece diversas declarações segundo as quais em cada geração existe um número de Justos que correspondem em sua dignidade ao nível de Abraão, Isaac e Jacó. Neste caso o assunto, em geral, são trinta Justos, cujo número foi extraído de uma interpretação místico-numérica de um versículo no livro do Gênesis 18:18. Em seguida Deus prometeu ao patriarca Abraão que o mundo não seria mais o mesmo sem trinta Justos como ele. Sentenças desse tipo foram atribuídas a diversos eruditos palestinos e da Babilônia do século II ao IV, principalmente ao famoso Rabi Simão ben Iochai. Um desses escribas, Joshua ben Levi, declarou que, caso Israel estivesse à altura disso, dezoito dentre esses trinta Justos viveriam em Israel e doze deles fora do país. Outros, por sua vez, conheciam a idéia de que justamente os povos não-judaicos existem através desses trinta Justos, que deles são oriundos ou então habitam em seu meio. Esses Justos amparavam o mundo como Abraão em seu tempo. Outras tradições no Talmude babilônico conhecem o número de quarenta e cinco Justos que exercem essas funções.

Somente o mestre babilônico Abaie no século IV é que introduziu o número 36: "O mundo não é nada sem Trinta e Seis Justos que vêem a face de Deus todos os dias". Aqui o motivo da conservação do mundo é substituído por outro, o da visão de Deus, pela qual esses Justos são dignificados. O fundamento do número 36 também é de caráter místico-numérico e se baseia na interpretação do valor numérico de uma palavra em Isaías 30:18: "Bem-aventurados todos os que nele esperam", sendo que o valor numérico da palavra hebraica *ihn* – cada letra no hebraico tem ao mesmo tempo um valor numérico – é exatamente 36, de forma que se poderia entender o verso como se ele quisesse dizer: "Bem-aventurados todos aqueles que nos trinta e seis esperam", ou seja, confiam nesses Trinta e Seis Justos.

A exegese a partir da qual essa cifra dos Trinta e Seis Justos, que se havia tornado mais tarde tão popular, ganhou evidência é tão claramente artificial que é improvável que Abbaji a tenha extraído, de fato, do versículo de Isaías. Pelo contrário, ele deve ter adaptado um pensamento que lhe era conhecido de outras fontes ou idéias na Bíblia para descobrir ali uma referência para ele. Sofia Amaisenova expressou primeiramente a suposição, que talvez não devêssemos recusar, de que esse algarismo provém da antiga astrologia. Ali o círculo zodiacal de 360 graus foi repartido em 36 décadas, os assim chamados decanos, e sobre cada uma das partes do círculo zodiacal assim dividido reina uma divindade-decana que dominou dez dias do ano ou, em outro desenvolvimento, dez graus do zodíaco. Temos uma vasta literatura que fala sobre esses decanos e deuses-decanos principalmente a partir de fontes egípcio-helênicas. Os decanos foram considerados também guardiães e pastores do universo e é bem possível que o algarismo trinta e seis, como Abaie o adapta na escrita, realize uma transformação desses poderes e forças cosmológicas em feições humanas. O fato de que na Idade Média tal relação entre as duas esferas não era estranha à consciência de muitos autores judeus é comprovado através de um manuscrito em hebraico em Munique, o qual contém questões astrológicas quanto às figuras do zodíaco. Cada sinal do zodíaco é dividido, neste caso, em três "fisionomias", em que o número clássico se insere nos trinta e seis decanos e a cada decano é atribuído o nome de uma das trinta e seis figuras bíblicas, de Adão e Enoque até Daniel e Esdra.

Em todo caso, este número suplantou na Idade Média todos os outros algarismos mais antigos e foi aceito também nos escritos cabalísticos. Mas nem a antiga lenda judaica nem a literatura posterior rabínica ou cabalística antes do século XVIII conhecem alguma coisa do fato de que esses Trinta e Seis *Tzadikim* são desconhecidos e ocultos. Ali onde se conta sobre os devotos que realizam seu feito totalmente em segredo, não se faz qualquer relação com o motivo sobre a conservação do mundo através dos Trinta e Seis Justos. Tais lendas sobre os Justos ou Devotos, cujas boas ações permanecem desconhecidas de seus conterrâneos ou que praticam suas virtudes sob disfarces mais ou menos antagônicos, são bem antigas. A lenda mais antiga desse tipo tem sua origem no século III e é narrada no Talmude palestino, no tratado sobre os dias de jejum:

O Rabi Abbahu via nos sonhos que se um determinado *Pentakaka* rezasse, choveria. O rabi permite que ele se achegue e lhe pergunta: Qual é a sua ocupação? Cometo por dia cinco pecados (por isso o nome *Pentakaka*, para o qual a palavra grega *Penta-Kaka* designa "cinco ações más"). Alugo prostitutas, limpo o teatro, levo para as prostitutas as roupas até o banheiro e danço e toco tambores diante delas. O rabi perguntou: E o que você fez de bom? Ele respondeu: Certa vez limpei o teatro, aí então veio uma mulher colocou-se atrás do pilar e começou a chorar. Perguntei a ela: Qual é o seu problema? Ela respondeu: Meu marido está na prisão e eu gostaria de poder pagar a fiança e vê-lo solto. Então vendi minha cama e meu cobertor e dei a ela o dinheiro, dizendo: Aqui está o dinheiro, liberte seu marido e não se prostitua. O rabi disse-lhe: Você é realmente um homem digno de orar e ser atendido.

Essa antiga lenda é o protótipo para muitas histórias que são contadas na Idade Média, provavelmente na coletânea de lendas de Nissim ben Jacó, que foi redigida no século XI em Kairawan no Norte da África ou no *Livro dos Devotos* do Rabi Judá o Piedoso que viveu no século XII em Regensburg e Speyer. Em nenhum lugar nessas histórias se encontra qualquer alusão de que tais heróis pertençam a uma categoria especial de Justos, cuja clandestinidade é essencial para o cumprimento de suas funções.

Mas é bem possível que essa idéia tenha surgido bem antes e sido divulgada em textos populares de lendas dos Trinta e Seis Justos, ainda que eles não tenham chegado a nós por escrito. Na realidade essa idéia, sobre a qual Rudolf Mach chamou primeiramente a atenção, aparece na tradição mística islâmica justamente em trechos que aceitaram essa idéia judaica e continuaram a desenvolvê-la de acordo com sua própria maneira. Depois disto, Deus destina os Santos para serem dirigentes do mundo. Já nos séculos X e XI encontramos junto aos místicos islâmicos a existência entre esses Santos de 4 000 que são ocultos e não se conhecem, não são sequer conscientes da denominação especial de sua classe, mais ainda, são desconhecidos deles próprios e da humanidade, como consta de um tratado oriundo do século XI do místico persa Hudschwiri. Fontes ainda mais antigas mencionam a cifra de quarenta Santos que constituem uma categoria especial cujos membros vivem no anonimato entre seus conterrâneos e colaboram para a existência do mundo através de suas boas ações. Não podemos saber, por enquanto, se essa idéia adveio primeiramente da tradição judaica que, quando se aprofundou no círculo islâmico, já havia adquirido uma nova expressão, ou se surgiu no Islão e depois retornou ao judaísmo nesta nova metamorfose em algum período ainda desconhecido. Pois exatamente nas fontes judaico-orientais que refletiriam, pela sua semelhança com o Islão, muito antes tal influência, é que não temos qualquer prova do advento dessa idéia. Existem Justos que escondem seu comportamento, mas em nenhum lugar está escrito que eles são exatamente aqueles dos quais a existência do mundo depende.

Por outro lado seria totalmente possível que a idéia dos Justos ocultos advenha da herança popular do grande movimento religioso que havia conquistado o judaísmo alemão no século XIII, designado como o hassidismo alemão (em contraposição ao hassidismo polonês bem posterior). A cristalização da idéia condiziria totalmente com a atitude de vida desse grupo. Em todo caso ele ganhou evidência, pela primeira vez, entre o judaísmo alemão e polonês, entre o assim chamado judaísmo asquenazita do Oriente. O ídiche possui um vocábulo específico para esses Justos ocultos, que no uso corrente da língua se chamam *Lamedwowniks*. Lamed = Waw é a cifra hebraica para trinta e seis. Quando surgiu o movimento hassídico no século XVIII na Polônia, ele já encontrou essa idéia amplamente divulgada. Os autores hassídicos muitas vezes falam sobre as duas categorias de *Tzadikim*, esses que são ocultos e sustentam a si mesmos, e aqueles que são conhecidos de seus conterrâneos e cumprem suas tarefas diante de todas as pessoas. O Justo da primeira categoria chama-se *Nistar*, ou seja, "oculto", o da última categoria chama-se *Mephursam*, ou seja, "famoso". Os *Tzadikim* clandestinos pertencem a uma ordem mais elevada, pois eles não se submetem à busca de frivolidade, que é praticamente inseparável de uma vida pública. Muitos deles esforçam-se para projetar sua imagem junto aos seus conterrâneos, que se encontra totalmente em contradição com sua verdadeira natureza. Outros, por sua vez, não gostariam sequer de saber sobre sua própria natureza, desejando antes difundir sua santidade e retidão em feitos escondidos, sem saber também que eles pertencem àqueles trinta e seis escolhidos. O folclore judaico dos séculos XVIII e XIX, precisamente do judaísmo oriental, foi incansável na elaboração desses lados da idéia e, quanto mais paradoxais, melhor. A partir dessa tradição provêm, por exemplo, várias dessas histórias narradas no livro intitulado *Rastros* de Ernst Bloch a respeito desses Justos ocultos. Segundo muitas destas lendas um dos trinta e seis ocultos é o Messias. Se a época fosse merecedora dele, ele seria reconhecido como tal. De acordo com outras, um Justo oculto morre no momento em que ele é reconhecido como tal. Nos escritos do grande escritor hebraico S. J. Agnon encontram-se algumas histórias fantásticas desse tipo. Isso significa, segundo um dos santos hassídicos mais famosos do século XVIII, o Rabi Leib Sores (ou seja, o filho de Sara), que ele se relacionava secretamente com os Justos ocultos e se preocupava com suas necessidades físicas mais urgentes. Ainda mais tarde esse motivo foi transferido então ao fundador do movimento hassídico, Israel Baal-Schem.

Conhecemos pelo menos dois livros cabalísticos do século XVIII, cujos autores têm a fama de ter pertencido aos Justos ocultos, Rabi Neta de Szinava e Rabi Eisik, que vivia como açougueiro judaico na pequena aldeia de Zurawitz em Przemysl. Seus escritos foram publicados naturalmente só depois de sua morte, e nos prefácios os contemporâneos falam sobre os boatos que surgiam sobre seu verdadeiro caráter. Quando há aproximadamente cinqüenta anos alguns *hassidim* entusiastas na Rússia adulteraram toda a correspondência do Rabi Israel Baal-Schem, para, por assim dizer, fornecer um autêntico material das lendas a respeito dele, eles também não esqueceram de produzir cartas mais ou menos emocionantes que foram trocadas entre ele e alguns dos Justos ocultos. Principalmente as coletâneas de lendas hassídicas do século XIX nos guardam um número considerável de tais tradições e anedotas sobre os *Lamedwowniks*. Essa tradição naturalmente não conseguiu produzir nada mais além da idéia que Schwarz-Bart elaborou com licença poética, segundo a qual essa condição de pertencer aos 36 Justos poderia ser uma herança de família (e ainda consciente) que poderia passar de pai para filho. Não existe família de Justos. O Justo oculto, quando é alguma coisa, é na verdade seu e meu vizinho cuja verdadeira natureza permanecerá eternamente inexplicável e a respeito do qual essa idéia nos adverte a não dar qualquer veredito moral. Essa é uma advertência de caráter um pouco anárquico, mas que exatamente por isso é tão surpreendente. O seu próximo pode ser o Justo Oculto.

4. SOBRE A NOVA EDIÇÃO DA *ESTRELA DA REDENÇÃO*

Dez anos após ter sido publicada pela primeira vez, temos diante de nós a segunda edição da *Estrela da Redenção* de Franz Rosenzweig.

Embora no texto não houvesse nenhuma alteração, considerava o autor a obra como um todo que não admitiria qualquer mudança parcial – isto ocorreu com relação à apresentação. Desde o início, Rosenzweig tinha em mente uma divisão da obra em três volumes, correspondentes à sua estrutura interna e teria aceitado, com muita relutância, a edição em um único volume. Desta vez, sua intenção original foi respeitada. Creio, porém, que, do ponto de vista do leitor ou usuário do livro, seria preferível a forma da primeira edição e duvido se o próprio Rosenzweig não mudaria de idéia caso pudesse ver as duas edições simultaneamente. Muitos leitores que pretendiam estudar a obra de modo intensivo preferirão ter os três finos volumes novamente reunidos.

De resto, a nova edição é complementada pelos títulos à margem devidas ao próprio autor e o registro e o índice elaborado por Nahum Norbert Glatzer por encomenda do próprio autor e segundo seu plano. A titulação à margem ressalta, de modo extraordinário, a arquitetura da construção deste sistema, seu rigoroso e quase surpreendente múltiplo traçado. As notas procuram, pelo menos parcialmente, explicitar as associações literárias diretas ou indiretas das quais a *Estrela da Redenção* é tão rica. Sem dúvida, as significativas dificuldades na compreensão das profundas discussões filosóficas, derivadas da manifesta inclinação de Rosenzweig por um certo purismo na terminologia, não podem ainda ser superadas.

Mesmo hoje em dia, dez anos após a publicação da obra, não é fácil dizer em que aspecto ela exerceu maior influência. Talvez a razão disto seja que a *Estrela da Redenção* pertence ao gênero de livros cujo significado, desde o momento da publicação, foi inteiramente incontroverso. De modo sutil mas notável, estes livros emanavam poder de cura e harmonia, provocando, de maneira misteriosa, uma análise de seus conteúdos fundamentais, ao mesmo tempo que tornavam esta análise impossível. Percebia-se aí um sistema rigorosamente teísta que lançava um novo olhar ao mundo do judaísmo e sua teologia a partir de fontes ainda não utilizadas do pensamento religioso. Quem poderia negar que a discussão sobre esse assunto seria então, e ainda o é agora, uma preocupação urgente? Parece-nos ainda mais surpreendente que semelhante discussão jamais tenha ocorrido. Entusiastas, de que, certamente, houve um bom número, ofuscaram-se com seus raios. Leitores sérios do livro não poderiam escapar à agressividade imperiosa de certas idéias, especialmente das extensas seções da segunda e terceira partes – a doutrina da redenção, a discussão do cristianismo e a *theologia mystica* da verdade da *Estrela* dilacerada pelas tensões entre a teologia medieval judaica clássica e o calmo idílio da teologia judaica "liberal" ou "ortodoxa" na época da Primeira Guerra Mundial. Certamente, seria impossível fixar a direção desta nova estrela pelas coordenadas das tendências religiosas então existentes. Mas a impossibilidade óbvia de reconhecer no mundo de Rosenzweig os domínios da ortodoxia e do liberalismo não deveria suscitar um desejo de séria análise e clara definição dos elementos problemáticos, inevitavelmente, presentes nesta como em qualquer outra teologia? Em vez de estimular tal análise, parece tê-la impedido. E a consciência de que uma estrela raramente brilha de tal profundidade e completa seu círculo levou os contemporâneos a afastarem-se da discussão crítica e, com maior razão, da polêmica. Isto é verdade apesar de, pelo menos desde o aparecimento do *Guia dos Perplexos* ou do Zohar, poucas obras terem sido tão polêmicas. Assim, não há dúvida de que a longo prazo esta obra será objeto de crescente atenção crítica. Talvez a enigmática combinação de pensamentos nela contida também exercesse poder mágico. A primeira geração de seus leitores parece ter aceitado esta qualidade com especial intensidade como o lado reverso de sua agressividade. Assim, o efeito inicial da obra foi amplamente relegado ao silêncio, enquanto interiormente o fogo desta estrela queimava.

A fim de se determinar o segredo deste efeito, podemos também evocar a situação da época. Penso podermos dizer, sem desrespeito algum, jamais ter existido uma teologia judaica tão vazia e insignificante como nas décadas anteriores à Primeira Guerra Mundial. A incapacidade de penetrar na realidade religiosa através de conceitos rigorosos, assim como a falta de prontidão para perceber o mundo religioso do judaísmo em sua totalidade, apareciam igualmente em todos os movimentos; determinavam a fraqueza inerente manifesta nas produções daqueles anos. Desde o colapso da Cabala e os últimos esforços para descrever a realidade do judaísmo a partir deste ponto de vista – tentativas como as de Salamão Plessner e Elias Benamozegh, que apenas demonstraram a decadência completa deste movimento –, a teologia ortodoxa sofria do que se poderia chamar de "Fobia de Cabala". Ela decidiu ab-rogar qualquer especulação mais profunda que pudesse reconduzir, de um modo novo e positivo, àquele mundo da Cabala. Esta decisão teve seus resultados mais desastrosos e destrutivos na teologia de Sansão Rafael Hirsch, que – caso clássico de um místico frustrado – preferiu construir um simbolismo bastante questionável e quase brutal em seu desejo de evitar qualquer referência ao mundo que ele havia proibido a si mesmo: o mundo da Cabala. E que cortes saudáveis fizeram os teólogos liberais no judaísmo! Em prol da abstração, eliminaram da teoria, de modo geral, as realidades da linguagem, terra e povo. Na *Ética do Judaísmo* de Moritz Lazarus, por exemplo, suas intuições mais frutíferas e claras não mais faziam sentido em termos desta abstração, extinguindo-se num vácuo artificial. Finalmente, o sionismo, com suas tendências aparentemente seculares, era incapaz de contribuir para uma teologia que, por causa desta fraqueza, se tornava incapaz de reconhecer, muito menos de captar, a problemática religiosa, oculta, de modo incompleto e ineficaz, nesta secularização.

Dada esta situação, encontramos na obra de Rosenzweig algo de novo que, de maneira inesperada, se dirigia a nós desde o centro de nossas esperanças. Desafiava-nos e, por que não admitir, deixava-nos perplexos. Qual paradoxo poderia mover-nos mais profundamente do que este: o restabelecimento da conexão com a visão judaica tradicional do mundo, outrora grandiosa, mas que se tornava indeterminada, realizada e desenvolvida, não a partir da discussão com seus componentes anteriores, mas, diretamente, a partir de um enfoque completamente diferente. Foi obtida pela penetração filosófica em uma ordem do mundo capaz de sobreviver ao colapso catastrófico do idealismo enquanto princípio estrutural do mundo, que poderia inclusive crescer a partir desta catástrofe. A ilusão sedutora da autonomia moral do homem determinara a teologia do liberalismo judaico, que se originara essencialmente no idealismo. Deste não partia nenhum caminho, exceto um retorno radical em direção aos mistérios da revelação que constituía a base do novo mundo de Rosenzweig, decerto revelando-se o mais antigo dos mundos. No entanto, esta nova interpretação do mundo encontra-se em oposição ainda maior à teologia clássica de um Maimônides ou de um Hasdai Crescas. Ela não só parte de posições da razão para um misticismo teísta, fundamentando o *teologumena* estritamente místico (em contraponto à amarga polêmica contra o misticismo da oração apocalíptica que abre a Parte III da *Estrela*), como também ousa colocar no centro da antropologia teológica uma análise comparativa do judaísmo e do cristianismo que termina num *non liquet*, portanto, com um *dictum* que, do ponto de vista da ortodoxia, deve parecer audacioso, quando não blasfematório.

Esta compreensão fundamental do judaísmo parecia ter pouco ou nada em comum com os temas familiares a nós em semelhantes empreendimentos, tornando-a, de uma só vez, atrativa e problemática. O abismo onde a substância do judaísmo permanecia oculta foi novamente selado com novos nomes, após o pensador tê-lo rompido com reflexões pessoais. Se a tentativa de deduzir as duas possibilidades dos modos teocráticos de vida no judaísmo e no cristianismo a partir da dialética do conceito de redenção – um dos pontos principais da *Estrela*, que suscita, inevitavelmente, séria discussão – poderia, de fato, determinar o verdadeiro lugar de cada uma, permanece controverso. Incontroverso, porém, é o alcance de seu método pragmático-metafísico de auscultar os mistérios da plasmação litúrgica das realidades religiosas. Decerto, pelo uso da doutrina, tão fascinante como problemática, da antecipação da redenção na vida judaica, Rosenzweig assumiu postura decididamente hostil contra a porta aberta existente, de outra forma, na sempre ordeira casa do judaísmo. Ele opunha-se à teoria das catástrofes contida no apocalipse messiânico, que pode ser considerado, mesmo hoje em dia, o ponto em que os modos de vida teocráticos e burgueses permanecem irreconciliavelmente opostos. A tendência profunda de remover o espinho apocalíptico do organismo do judaísmo torna Rosenzweig um dos últimos e talvez mais vigorosos expoentes de um movimento muito antigo e muito poderoso no judaísmo, cristalizado numa cavidade de formas. Esta tendência também é responsável pelo aspecto eclesiástico peculiar que o judaísmo, por vezes e inesperadamente, assume. O apocalipse, enquanto elemento indubitavelmente anárquico, forneceu um pouco de ar fresco ao judaísmo, permitindo-lhe conhecer o potencial catastrófico de qualquer ordem histórica num mundo sem redenção. Aqui, num pensamento profundamente preocupado com a ordem, ele sofreu metamorfose. O poder destrutivo da redenção parece construir-se apenas como uma perturbação do relógio da vida à luz da redenção. O fato de a redenção possuir uma força não apenas destrutiva como também libertadora – uma verdade que muitos teólogos judeus relutam em considerar e que toda uma literatura evita – não poderia deixar de passar despercebido por um pensador do nível de Rosenzweig. Assim, pelo menos, ele procurou neutralizá-la em uma ordem superior de verdade. Se é certo que o raio da redenção dirige o universo do judaísmo, então, na obra de Rosenzweig, a vida do judeu deve ser vista como um pára-raios, cuja função é a de tornar inofensivo este poder destrutivo.

Dez anos são um curto tempo na vida de uma obra destinada a transformar-se e a durar. Foi uma tentativa estritamente mística de construir algo que não podia ser construído, a estrela da redenção. (Na astronomia mística, como se poderia chamar o mundo simbólico de Rosenzweig, não haveria outro modo de descrever este método a não ser construção.) Esta obra revelará o conteúdo duradouro apenas a uma geração que não se sentirá atraída de modo tão imediato por temas pertinentes ao tempo presente (que não precisam ser sempre os temas centrais), como aquela geração que, ao tempo de sua publicação, havia passado pela Primeira Guerra Mundial. Apenas quando a beleza encantadora de sua linguagem desgastar-se e a figura do mártir, que para os contemporâneos é parte inseparável, recolher-se na própria aura – somente então este testemunho de Deus será capaz de afirmar-se na sua intenção indisfarçável.

5. JUDEUS E ALEMÃES

I

Falar sobre judeus e alemães e suas relações durante os últimos dois séculos é, no ano de 1966, um empreendimento melancólico. Tão grande, mesmo agora, é a carga de emoções que uma consideração ou análise desapaixonada sobre o fato parece quase impossível. Todos fomos tão fortemente moldados pela experiência de nossa geração que não se permitem tais expectativas de indiferença. Hoje, há inúmeros judeus que olham para o povo alemão como um caso sem esperança, ou na melhor das hipóteses como um povo com quem, depois do que aconteceu, não querem ter mais nada a ver, para o bem ou para o mal. Não me incluo entre eles, pois não acredito que poderia haver um permanente estado de guerra entre povos. Julgo certo – e, mais ainda, importante – que também judeus, precisamente como judeus, falem com os alemães plenamente conscientes do acontecido e daquilo que os separa. Para muitos de nós, a língua alemã, nossa língua materna, concedeu-nos o presente de inesquecíveis experiências; ela definiu o panorama de nossa juventude e deu-lhe expressão. Agora há uma espécie de apelo do lado germânico, no âmbito da história de uma geração mais jovem que vem surgindo e, precisamente porque este apelo é tão incerto e indeciso, na verdade embaraçado, algo está inerente de tal modo que alguns de nós não queremos evitar.

Sem dúvida, as dificuldades da generalização, quando dizemos "os alemães" e "os judeus", intimidam o observador. Em épocas de conflito, contudo, tais termos abrangentes provam ser facilmente manipuláveis e o fato de que estas categorias gerais são vulneráveis a um questionamento nunca impediu os indivíduos de as usarem clamorosamente. Muitas distinções poderiam ser feitas aqui. Porque nem todos os alemães e nem todos os "judeus" são judeus – com, naturalmente, uma aterradora exceção: quando o poder estava nas mãos daqueles alemães que realmente tencionavam indicar todos os judeus quando se referiam aos judeus, eles usaram tal poder para, na medida do possível, assassinar todos os judeus. Desde então, aqueles que sobreviveram a este assassínio ou que não foram expostos a ele, por acidentes da história, acharam eles próprios um tanto difícil fazer distinções apropriadas. As perigosas ciladas que acompanham qualquer generalização são bem conhecidas: arbitrariedade, contradição e incoerência. As relações que estou discutindo são demasiadamente variadas e singulares para serem abrangidas por uma afirmação geral que não pudesse ser contestada por uma afirmação diferente e quase igualmente defensável. Porém, totalmente ciente como estou destas dificuldades, desejo tornar claro o que me leva a este tema – certamente um dos temas que mais agitaram o mundo judaico há mais de 150 anos.

Em 1946, Alfred Döblin, escritor judeu que se havia convertido ao catolicismo em idade avançada, escreveu para outro judeu que ele deveria tomar o cuidado, ao dirigir-se a um público alemão, de não utilizar a palavra "judeu", pois na Alemanha ainda era um termo ofensivo: somente os anti-semitas se alegrariam com seu uso. Pois o anti-semitismo estava profundamente enraizado entre os alemães e mais malévolo – em 1948 – que antes de 1933. Na realidade, eu mesmo posso testemunhar que ainda em 1966 muitos alemães, que gostariam de manter distância dos nazistas (às vezes com um pouco de rancor), até certo ponto ainda confirmam a validade das observações de Döblin por uma evidente aversão em chamar qualquer judeu de judeu, a não ser que ele, categoricamente, insista nisto. Após terem sido assassinados como judeus, os judeus, agora, seriam denominados alemães, numa espécie de triunfo póstumo; enfatizar seu judaísmo seria uma concessão ao anti-semitismo.

Que perversão em nome do progresso, ao fazer todo o possível para esquivar-se de encarar a realidade da relação entre judeus e alemães!

Mas é precisamente o encarar destas verdades que considero ser nossa tarefa e, quando falamos do destino dos judeus entre os alemães, não podemos falar o suficiente de judeus como judeus. A atmosfera entre judeus e alemães só pode ser purificada se procurarmos ir a fundo em suas relações e somente se fizermos uso da crítica irrestrita que o caso pede. E isto é difícil: para os alemães, porque o assassínio em massa do judeu tem se tornado o maior pesadelo de sua existência moral como povo; para os judeus, porque tal esclarecimento requer distância crítica dos fenômenos cruciais da própria história. O amor, se bem que tenha existido uma vez, foi sufocado em sangue; seu lugar precisa ser tomado por conhecimento histórico e por clareza conceitual – condições prévias para uma discussão que pode, talvez, trazer frutos para o futuro. Se for para ser séria e antidemagógica, tal discussão deve ser levada a um nível além dos fatores e interesses políticos e econômicos que estiveram ou estão em negociação entre o Estado de Israel e a República Federal Alemã. Falta-me a devida competência nesta área e, em momento algum, farei referência a ela. Não estou mesmo certo de que isto nos ajudaria a colocar as perguntas certas ou a tentar responder a elas. Todos temos ouvido muito sobre este assunto e, precisamente como judeus, não ficamos sempre à vontade quando se cria uma falsa conexão.

II

Até a segunda metade do século XVIII, e, em parte, além deste período, os judeus na Alemanha levavam, essencialmente, a mesma vida que os judeus em todos os outros lugares. Eles eram nitidamente reconhecíveis como nação; possuíam identidade inequívoca e história milenar própria, não importa como eles mesmos ou os outros povos a seu redor pudessem ter ajuizado esta história. Eles tinham consciência agudamente cunhada a respeito de si próprio e viviam sob uma ordem religiosa que perpassava com extrema intensidade sua vida e cultura através de todos os poros do seu ser. Até o momento em que a influência do meio ambiente alemão – e tal influência nunca deixou de existir completamente – penetrou na *Judengasse*, e não porque os judeus se voltassem para ele ou o aceitassem, mas, em grande parte, por um processo de osmose quase consciente. Sem dúvida, os valores culturais alemães foram, muito freqüentemente, transformados em valores judaicos (e, lingüisticamente, no ídiche). As relações conscientes entre as duas sociedades eram de natureza delicada, sobretudo durante os dois séculos que precederam o período da emancipação. A cultura religiosa dos estratos dominantes dos judeus era autônoma e permaneceu totalmente alheia ao mundo alemão.

Porém, o elemento econômico mais forte – como foi representado no fenômeno do *Hofjudentum* – a direção judaica das finanças do tribunal – e o grupo no fim da escala social, que se comunicava com o submundo alemão, mantinham uma espécie de contato com os alemães que era tremendamente perigoso em ambos os casos. Eles movimentavam-se entre os alemães de modo especial e, deste modo, estavam à mercê da mais insignificante mudança nas condições políticas ou sociais. Nada seria mais tolo que falar de uma íntima vinculação entre judeus alemães e a Alemanha naquele período, durante o qual não havia existido nem da parte dos judeus nem dos alemães uma simples precondição para tal vinculação. Todos sabiam que os judeus estavam no exílio e, embora pudéssemos examinar o sentido desse exílio, não havia dúvida sobre seu significado duradouro para a condição social dos judeus.

A maioria esmagadora dos judeus, que não pertencia a esses grupos marginais e que foi, relativamente, menos afetada, por suas vicissitudes, naquela época vivia completamente nos moldes da tradição: um molde feito por sua história material e espiritual, durante os longos períodos de exílio. Ao mesmo tempo, não há erro no fato de, na segunda metade do século XVIII, ter-se tornado visível uma profunda fraqueza no âmago de seu judaísmo. Era como se eles tivessem chegado ao nadir em uma fase de sua existência histórica e não mais estivessem seguros para onde o caminho iria conduzi-los. A fraqueza havia-se tornado evidente quando Moisés Mendelssohn iniciou a carreira como um tipo de reformador conservador do judaísmo alemão. Com ele e, sobretudo, com a escola que inspirou começou entre os judeus um processo consciente de volta aos alemães; processo subseqüentemente beneficiado e favorecido por poderosas forças históricas. Começou, então, a propaganda para a firme absorção dos judeus pela cultura alemã e, logo depois, para sua absorção pelo povo alemão. Começou, também, a luta dos judeus por direitos civis, uma luta que se prolongou por três ou quatro gerações e que foi finalmente ganha porque – não nos deixemos enganar – foi conduzida a seu favor por uma camada determinada e vitoriosa entre os não-judeus.

Com essas lutas que foram favorecidas tanto pelo Iluminismo alemão quanto pela Revolução Francesa, iniciou-se importante mudança no judaísmo alemão. De início, a mudança foi hesitante e muito insegura, tal como seu judaísmo foi muitas vezes inseguro e constrangido. Eles ainda tinham um forte senso de povo como judeus, embora freqüentemente não no sentido deste povo que havia estado ou estava no processo de se tornar perdido para eles. Mas, colocando os fatos claramente, eles também principiaram a lançar olhares infinitamente ternos e furtivos ao reino da história alemã – como provável substituto para o reino judaico – o que se tornou tão característico deles nas relações com os alemães por mais de cem anos. Os elementos do judaísmo alemão que observaram esse processo com maiores reservas – especialmente os círculos dos judeus tradicionalmente religiosos, outrora numerosos e ainda muito fortes – foram distinguidos por seus companheiros mais entusiastas com um opressivo silêncio, quebrado raramente entre eles por vozes diretas de admoestação; era como se eles recuassem diante de seu próprio sofrimento.

Até perto de 1820, os judeus da Alemanha são mencionados quase exclusivamente como membros da nação judaica na Alemanha. Nas duas gerações seguintes, contudo, este uso lingüístico altera-se completamente; termos como *credo mosaico* e expressões similares, favorecidos igualmente por judeus e alemães, começam então sua carreira.

Os olhares furtivos lançados aos alemães foram desde o princípio acompanhados por consideráveis mudanças e deslocamentos, que, num estágio mais avançado do processo, levaram a problemas amargos. Como preço da emancipação judaica, os alemães exigiram o repúdio firme à nacionalidade judaica – preço este que os escritores da liderança e os porta-vozes da vanguarda judaica pagavam com muita alegria. Aquilo que havia começado com olhares furtivos, transformou-se em envolvimento apaixonado com o reino da história alemã; e os objetos da tolerância iluminada tornavam-se freqüentemente profetas ardorosos, prontos para falar em nome dos próprios alemães.

O leitor atento às reações alemãs a esse processo e suas acrobacias percebe logo uma nota de espanto e ironia, ora amável, ora maliciosa, que ocorre, muitas vezes, nessas expressões. Com a renúncia a uma parte crucial da existência judaica na Alemanha o solo estava preparado para o que parece a muitos de nós ter sido um começo completamente falso na história das modernas relações entre judeus e alemães – embora isto tivesse certa lógica imanente, dadas as condições de 1800. Quando as nações ocidentais emanciparam Israel, não o fizeram, citando Buber (1932), "aceitando-a como Israel, mas como uma multidão de indivíduos judeus. Os mais intransigentes defensores da causa judaica, entre os quais havia não-judeus, foram precisamente aqueles que, mais consciente e articuladamente, contavam com o desaparecimento dos judeus como judeus – que, na verdade, como Wilhelm Humboldt, consideravam os judeus como grupo étnico, condição para abraçar a causa judaica. Os liberais esperavam por uma autodissolução progressiva e decisiva dos judeus. Os conservadores, contudo, com seu senso histórico tinham reservas a esse novo fenômeno. Eles começaram a creditar aos judeus uma facilidade demasiadamente grande com que renunciavam à sua consciência étnica. A auto-abnegação dos judeus, embora bem-vinda e realmente exigida, era freqüentemente vista como uma evidência de falta de substância moral. Temos documentação clara para mostrar que o desprezo que tantos alemães manifestavam pelos judeus se alimentou da facilidade com que a classe cultural mais alta dos judeus repudiava a própria tradição. De que valeria a herança, se a elite dos herdeiros escolhidos tinha tanta pressa de repudiá-la?

Assim surgiu uma dialética sinistra e perigosa. Amplos círculos da elite alemã exigiram que os judeus desistissem de sua herança e fixaram uma recompensa para a deserção; ao mesmo tempo, contudo, muitos desprezaram os judeus pela excessiva boa vontade em agradar. Quanto aos socialistas, a invectiva grotesca e repugnante em *Sobre a Questão Judaica* pode ser tomada como sinal de total frivolidade e ignorância; eles ficaram completamente perplexos diante das questões envolvidas nessa nova mudança dos acontecimentos e nada mais poderiam fazer senão reforçar a dissolução do povo judeu e sua consciência histórica, dissolução que seria concluída com o advento e a vitória da Revolução. Eles não conseguiam enxergar sentido algum ao considerarem os judeus como participantes ativos de algum embate muito significativo. Para eles, como dizia o lema, os judeus eram "olhos para as rodas da Revolução".

Falei de uma dialética perigosa deste processo. Os judeus lutavam pela emancipação – e é esta a tragédia desta luta que, hoje, nos comove tanto – não em nome de seus direitos como povo, mas em nome da assimilação aos povos entre os quais viviam. Pela presteza em abandonar a nacionalidade, por seu ato de repúdio, eles não puseram fim à sua miséria; abriram meramente nova fonte de sofrimento. A assimilação não acabou com a questão judaica na Alemanha, como seus defensores haviam esperado; pelo contrário, ela transferiu o lugar da questão e tornou tudo mais grave. Quanto mais a área de contato entre os dois grupos se ampliava tanto mais as possibilidades de atrito se tornavam maiores. A aventura da assimilação, à qual os judeus se lançaram tão apaixonadamente (e como isto é compreensível!), naturalmente, aumentava os perigos que se originavam da crescente tensão. Somava-se a isto o fato de que havia, se posso usar a expressão de Arnold Zweig, algo "desordenado" sobre os judeus que foram expostos a este novo embate com os alemães – e num duplo sentido: eles se achavam "desordenados" pela vida sob condições indignas com as quais tiveram que conviver, bem como as conseqüências sociais e pessoais; e eles foram "desordenados" pela profunda insegurança que começou a persegui-los no momento em que deixaram o gueto para, como o lema dizia, "se tornarem alemães". Esta dupla desordem dos judeus foi um dos fatores que retardou, perturbou e, eventualmente, levou a um fim horrível o processo – ou experiência – que começava, então, com tal sociedade. A recusa de tantos judeus alemães de reconhecer a influência de tais fatores e a dialética à qual eles prestam testemunho estão entre as mais tristes descobertas feitas pelo leitor contemporâneo sobre as discussões daqueles tempos. A confusão emocional dos judeus alemães entre 1820 e 1920 é de considerável importância, se quisermos entendê-los como um grupo caracterizado por aquele judaísmo alemão que muitos de nós encontramos em nossa própria juventude e que nos estimulou à resistência.

Ao mesmo tempo, porém, e bem no centro desta insegurança, algo mais aconteceu: a criatividade judaica, por tão longo tempo enterrada, liberou-se. É verdade que, ao entrarem tão avidamente num mundo novo, os judeus abandonaram a segurança que a antiga tradição lhes havia outorgado e que, freqüentemente, continuaria a conceder, de modo impressionante, àqueles que se mantiveram firmemente presos a ela. Mas, em recompensa, os judeus que se atiraram à excitante "experiência de vida" da assimilação acharam que algo neles despertara, que sob a antiga ordem havia ficado, por muito tempo, adormecido e esquecido. Estes fatores estão profundamente ligados. Convém que aqui, resumidamente, examinemos e esclareçamos os aspectos positivos do processo que se tornou tão significativo para os judeus, mesmo para aqueles que viviam longe das fronteiras alemãs.

A paixão íntima que a relação com os alemães assumia para os judeus está relacionada ao momento histórico específico em que nasceu. No instante em que os judeus se voltaram do estado medieval para a nova era do iluminismo e revolução, a maioria esmagadora – 80% – vivia na Alemanha, Áustria, Hungria e Europa Oriental. Devido às condições predominantemente geográficas, políticas e lingüísticas, portanto, foi a cultura alemã que os judeus encontraram, em primeiro lugar, em seu caminho para o Oeste. Além do mais – e isto é decisivo – o encontro ocorreu, precisamente, no momento em que aquela cultura havia atingido um de seus mais frutíferos pontos cruciais. Era o zênite da época burguesa alemã. Podemos dizer que foi um momento feliz em que a criatividade judaica recentemente despertada, que iria assumir aspectos tão importantes depois de 1750, colidiu, precisamente, com o zênite de um grande período criativo do povo alemão, período que produziu uma imagem dos alemães, até 1940, nas mais diferentes camadas sociais, imagem que permaneceria inabalável, embora passasse por muitas experiências amargas e, mais tarde, amarguíssimas. Para os judeus, esta amalgamação de um grande momento histórico foi definida e simbolizada pelos nomes de Lessing e Schiller e, em intensidade e extensão, não tem paralelo nos encontros dos judeus com outros povos europeus. Devido a esse encontro, o primeiro dos judeus a caminho do Ocidente e por causa dessa nova imagem, caiu um grande brilho sobre os alemães. Mesmo hoje, depois de tanto sangue e de tantas lágrimas, não podemos dizer ter sido somente um brilho ilusório. Foi mais: nele havia elementos de grande fertilidade e o estímulo para um desenvolvimento significativo.

A importância dada por Friedrich Schiller à formação das atitudes judaicas em relação à Alemanha é quase incalculável e, raramente, foi avaliada pelos próprios alemães. Para gerações de judeus na Alemanha e para uma quase maior quantidade de judeus fora da Alemanha, Schiller, o porta-voz do humanismo puro, o sublime poeta dos mais elevados ideais da humanidade, representava tudo aquilo que eles, como alemães, pensavam ou desejavam pensar, mesmo quando, na Alemanha do último terceto do século XIX, sua língua já tivesse começado a soar oca. Para muitos judeus o encontro com Friedrich Schiller foi mais real que aquele com os alemães genuínos. Aí eles encontraram o que estavam fervorosamente procurando. O romantismo alemão teve algum significado para muitos judeus, mas Schiller significou algo para todos eles. Ele foi um fator da crença judaica na humanidade. Schiller proporcionou a oportunidade mais visível, mais impressionante e mais ressonante para os auto-enganos idealistas engendrados pelas relações dos judeus com os alemães. Para o novo judeu que havia perdido a autoconfiança como judeu, o programa de Schiller parecia prometer tudo o que ele procurava. Ele não encontrava tons falsos nele; pois esta era a música que lhe tocava as profundezas. Para Schiller, que nunca se dirigiu a eles diretamente, os judeus responderam-lhe, de fato, e o malogro deste diálogo talvez contenha um dos segredos do colapso geral das relações entre judeus e alemães. Afinal, Schiller, a quem seu amor se apegou tão apaixonadamente, não era apenas alguém; ele era o poeta nacional da Alemanha, considerado como tal pelos alemães de 1800 a 1900. Neste caso então, os judeus, como havia acontecido freqüentemente, não se dirigiram a endereço errado.

Neste caso, uma ponte tinha sido realmente construída entre judeus e alemães, edificada com a mesma paixão ilimitada que induziu judeus russos, que estavam procurando o caminho para o humano entre o seu próprio povo, literalmente a adotarem o nome de Schiller como seu próprio; Salomão Schiller, uma das mais nobres figuras do movimento sionista, é notável exemplo dessa prática. Infelizmente, contudo, a tarefa de construir pontes foi perseguida somente pelos judeus. Para os alemães de uma época posterior, o entusiasmo judaico por Schiller parecia meramente cômico ou tocante. Em alguns raros momentos, um ou outro alemão teve a sensação de que aí, de fato, poderia ter havido um terreno comum.

III

A primeira metade do século XIX foi um período no qual judeus e alemães ficaram muito próximos. Durante esse período, os judeus encontraram, também no lado alemão, uma ajuda espantosamente grande, muitos judeus recebendo, individualmente, cooperação na tumultuada luta pela cultura. Não se pode, de modo nenhum, afirmar que havia, então, falta de boa vontade; lendo as biografias da elite judaica do período, freqüentemente se acha a evidência da compreensão que eles encontraram até mesmo em círculos decididamente cristãos, como os morávios. Mas, respeitando a dinâmica interna do processo que estávamos examinando, as coisas não permaneceram no nível de mera luta pela cultura. Os judeus estavam num ponto de transição radical da forma tradicional de vida, que ainda dominava a maioria, para o germanismo. No término dessa transição, de acordo com uma fonte contemporânea, "a educação nacional alemã dos judeus e sua participação nos interesses gerais dos seres humanos e cidadãos aparece como a tarefa mais essencial, a que precisa dedicar-se aquele que espera algo de si mesmo". A formulação é de Moritz Lazarus, seguidor do filósofo Johann Friedrich Herbart e representante muito antigo da tendência por ele defendida; ele mesmo completou a transição do puro judaísmo talmúdico para o novo modo de vida judaico-alemã em meros cinco anos! A interminável exigência judaica de um lar transformou-se logo numa ilusão estática de estar em casa. Sabe-se muito bem e é fácil de se entender que a velocidade desta transformação, que ainda hoje espanta o observador, a pressa dessa dispersão judaica, não foi acompanhada por uma reação igualmente rápida por parte dos alemães.

Os alemães não sabiam que estavam lidando com um processo tão profundo de decadência da tradição e da autoconsciência judaica e, assustados, recuaram diante deste processo. Tanto quanto eles teriam aprovado o eventual resultado do processo – que concordava, ao menos, com a ideologia liberal e, até um ponto considerável, com a ideologia conservadora dominante – eles estavam todos despreparados para esse ritmo, que lhes pareceu superaquecido e cuja agressividade os colocou na defensiva. Mais cedo ou mais tarde, tal defensiva deveria unir-se às correntes de opinião que, desde o começo, haviam reagido ao processo todo com antipatia e que, desde a geração pós-Mendelssohn em sua totalidade, nunca sentiu falta de porta-vozes eloqüentes.

Fazia sentido falar de um "povo anfitrião", de quem os judeus se tornaram hóspedes. Mesmo nas melhores circunstâncias, tratava-se da aceitação de um hóspede na família – estando ele sujeito a repúdio, caso não cumprisse os requisitos estabelecidos. Isto se tornava especialmente nítido quando dizia respeito aos liberais. A conversa que se ouve, ocasionalmente, hoje em dia, sobre um processo de fusão de ambos os grupos que não teria acontecido por causa da infiltração do nazismo entre a grande maioria dos judeus alemães e de "cidadãos de fé diferente" (a expressão foi usada em negrito por um judeu, na Alemanha de 1965!) – tal conversa seria somente uma projeção retroativa de um sonho desejado. Sem dúvida, a completa submissão ao povo alemão de tantas pessoas que em suas autobiografias (disponíveis em grande quantidade) caracterizavam a si mesmas como "de origem judaica" – porque não tinham mais nenhuma ligação interior com a tradição judaica e muito menos com o povo judeu – constitui um dos fenômenos mais chocantes desse processo de separação. Infinitamente longa é a lista das perdas dos judeus para os alemães, uma lista de grandes e, freqüentemente, espantosos talentos e feitos judaicos que foram oferecidos aos alemães. Quem pode ler, sem emoção, a história, como a de Otto Lippmann de Hamburgo, daqueles que até o momento do suicídio clamavam que eram melhores alemães do que aqueles que os estavam conduzindo à morte?

Não nos admiremos que hoje, quando tudo já terminou, haja muitos desejando reconhecer como legítimo esse clamor. Essas pessoas fizeram a escolha e não deveríamos contestar a razão dos alemães em relação a elas. No entanto, isto faz com que nos sintamos desassossegados, pois nossos sentimentos apontam para o conflito interior dessas carreiras. Mesmo na completa alienação de tudo que fosse "judaico", algo se evidencia em muitos deles que se sentia ser substancialmente judaico, tanto nos judeus como nos alemães – só não sendo percebido por eles mesmos! – e isto vale para toda uma galáxia de mentes ilustres de Karl Marx e Lassalle até Karl Kraus, Gustav Mahler e Georg Simmel.

Ninguém caracterizou mais profundamente essa libertação dos judeus de si mesmos que Charles Péguy, dono de um discernimento da condição judaica raramente atingido entre os não-judeus. A ele devemos a frase: "Être ailleurs, le grand vice de cette race, la grande vertue secrète, la grande vocation de ce peuple". Este "estar em qualquer outra parte" combinava com o desejo desesperado de "estar em casa" de um modo ao mesmo tempo intenso, frutífero e destruidor. É a chave da relação entre judeus e alemães. É ao mesmo tempo o que torna sua posição simbólica tão sedutora e tão absorvente para o observador contemporâneo e que, naquela época, os fazia parecer repulsivos, ao agirem sob falsas máscaras e ao serem deliberadamente provocadores. Nenhum benefício redundou para os judeus da Alemanha daquilo que hoje, sob bem diferentes circunstâncias, os cerca com significado positivo para uma parte importante do mundo; e traz-lhes consideração especial: estou pensando na muito difundida valorização dos judeus como representantes clássicos do fenômeno da alienação do homem na sociedade. O judeu alemão foi considerado culpado de alienação do solo judaico que o havia alimentado, de sua própria história e tradição e, mais ainda, de alienação da sociedade burguesa que estava, então, em processo de consolidação. O fato de não estar realmente em casa, como ele poderia proclamar – o fato de estar sem lar, que hoje é, algumas vezes, acrescentado à sua glória e é tomado como imagem da condição humana –, constituiu, na época em que alienação era palavra ofensiva, uma acusação poderosa. E correspondendo a este estado deformado das coisas, a grande maioria dos judeus, especialmente aqueles que possuíam o mais alto grau de percepção, concordou com esse julgamento da situação; isto porque, em pleno ceticismo que constituiu parte do ambiente alemão, eles pretendiam e reivindicavam uma ligação profunda com as coisas alemãs e um sentimento de estar em casa.

Assim, de antemão, já existia nas relações entre judeus e alemães um acúmulo de sementes de descontentamento, o que era bastante perigoso. O processo do ingresso dos judeus na sociedade alemã teve aspectos variados. É, por exemplo, fato importante que durante estas gerações os judeus perderam sua elite através do batismo e de casamentos mistos. Este fato ainda aponta também para variações acentuadas neste processo, porque nem todos os judeus estavam preparados para ir tão longe. É verdade que muitos segmentos dos judeus alemães estavam preparados para liquidar sua nação, mas também desejavam – em diferentes graus – preservar seu judaísmo como herança, como credo, como um elemento irreconhecível e indefinível, no entanto, claramente presente na consciência. Embora isto seja agora, freqüentemente, esquecido, eles não estavam preparados para a assimilação total que a maioria da sua elite estava procurando comprar pelo preço do desaparecimento. Seus sentimentos podem ter sido incertos e confusos, mas a revoada de sua própria vanguarda foi-lhes um golpe muito grande. Estas sangrias contínuas, através das quais os judeus perderam os elementos mais avançados para os alemães, constituíram aspecto crucial – e da perspectiva judaica – mais melancólico da assim chamada simbiose judaico-alemã, que agora está sendo discutida com tanto prazer e grande negligência. A pequena burguesia e os cidadãos mais comuns constituíram o corpo principal da comunidade judaico-alemã durante o século XIX. Deste núcleo, uma classe inteiramente nova de líderes teria de nascer em cada geração. Raramente acharemos descendentes destas famílias, entre os judeus do século XX, que, depois de 1800, liderariam a dispersão para o lado alemão. Por outro lado, as classes mais baixas permaneceram quase inteiramente fechadas dentro das fronteiras do judaísmo, embora um judaísmo agora diluído – ou melhor, ressequido e esvaziado –, judaísmo composto de curiosa mistura da "religião racional" com fortes e freqüentemente rejeitados rasgos de sentimento. A posição destes judeus diante dos desertores oscilou muito, como se torna bem evidente na reação diante do singular fenômeno de Heinrich Heine. Ela ia desde uma sensível rejeição até a indiferença quase tranqüila. Heine, certamente, foi um caso fronteiriço. Ele podia dizer de si mesmo que não iria retornar ao judaísmo, pois nunca o havia abandonado.

Contudo, não podemos deixar de considerar as tensões mais internas da sociedade judaica, que exercem grande influência na relação dos judeus com o meio ambiente alemão. A Alemanha foi o cenário de debates especialmente amargos entre os devotos da antiga escola, os *Landjuden* e seus líderes, de um lado, e os "neólogos" ou reformistas, de outro, com os últimos ganhando supremacia, se não numérica, pelo menos social e política. O termo assimilação foi primeiramente usado por seus defensores no sentido positivo de um ideal; mais tarde os sionistas devolveram-lhes a palavra como motejo e forma de insulto.

Eles ficavam duplamente indignados ao serem chamados de "assimilacionistas". A tendência à assimilação, que se manifestava de várias formas, foi, certamente, um fator significativo. No entanto, não se pode dizer inequivocamente o quão longe os advogados da assimilação estavam, então, preparados para ir e nem todos os exemplos de assimilação podem ser julgados de igual modo. Em todo caso, contudo, havia do lado judaico uma postura fortemente crítica diante dos judeus e do judaísmo tradicional e sabe-se bem quão freqüentemente, em casos individuais, esta postura foi elevada às formas extremas que passamos a reconhecer como anti-semitismo judaico. Porém, é a um judeu alemão que havia abandonado o judaísmo – embora, como escreveu, ele soubesse ser isto impossível – que devemos (como um crítico as chamou) "as mais nuas exposições" da burguesia judaica de Berlim, que jamais existiram e que permanecerão como documento sinistro da realidade judaico-alemã; refiro-me aos monólogos do Sr. Wendriner, escritos por Kurt Tucholsky. Os anti-semitas esforçavam-se em fazer os judeus parecerem tão maus quanto podiam, mas seus escritos são tensos e vagos. O ódio existe, mas não há conhecimento sobre a matéria nem sentimento pela atmosfera. Não há o que admirar, se ficou para um dos mais talentosos, mais persuasivos e mais ofensivos autores judeus realizar em alto nível aquilo que os próprios anti-semitas não conseguiram colocar em execução.

Freqüentemente encontramos representantes de extraordinárias possibilidades na mesma família. Isto vale para os irmãos Jacó e Michael Bernays (cuja sobrinha se tornou a esposa de Sigmund Freud). Jacó, filósofo clássico do mais alto padrão, permaneceu fiel à forma mais rigorosa do judaísmo ortodoxo, beirando a neurose. Michael abandonou o judaísmo, aventurando-se em uma carreira ainda mais brilhante, como germanista e intérprete crítico de Goethe. Depois da ruptura, os irmãos nunca mais trocaram uma única palavra. Divergência semelhante ocorreu entre dois primos da família Borchardt. Um deles, o escritor Georg Herrmann, retratou a burguesia judaica de Berlim do século XIX de modo crítico, irônico e ao mesmo tempo amoroso. O outro primo, o incrivelmente bem-dotado Rudolf Borchardt, que se convenceu de que havia anulado dentro de si mesmo tudo o que dissesse respeito ao judaísmo, tornou-se o mais eloqüente porta-voz do tradicionalismo alemão culturalmente conservador. Ele foi a única pessoa a ler sua obra e não se assustar com o paradoxo aí existente. Repetindo, a maioria não se encontrava preparada para ir até o fim e muitos procuravam um caminho intermediário. Raramente, contudo, os judeus se beneficiaram de sua bem-dotada procedência. As exceções incluem figuras tão significativas e, ao mesmo tempo, tão problemáticas como Leopold Zunz, fundador da "ciência do judaísmo", Salomão Ludwig Steinheim e Herrmann Cohen, os mais ilustres pensadores da teologia e da filosofia judaico-alemã, como também Abrão Geiger e Sansão Rafael Hirsch, duas figuras muito significativas que, em seu posicionamento para com a tradição, se colocaram em pólos extremamente opostos ao rabinato judaico na Alemanha. A maioria das cabeças mais competentes, contudo, presenteou a sociedade alemã com uma espantosa e rica produção nos campos da economia, ciência, literatura e arte.

Num famoso ensaio, o grande sociólogo americano Thorstein Veblen escreveu sobre a "supremacia intelectual dos judeus na Europa moderna". É precisamente esta "supremacia" que explica o destino adverso dos judeus na Alemanha. Em sua função econômica, os judeus haviam servido como força progressista no desenvolvimento da Alemanha no século XIX, mas, bem depois de não se precisar deles para tal, eles continuaram a exercer – especialmente no século XX – função cultural que desde o início havia despertado inquietação e resistência e que nunca lhes proporcionou bem algum. Que os alemães, de fato, necessitavam dos judeus em seu mundo espiritual é, agora, quando não estão mais presentes, notado por muitos e a perda é lamentada. Porém, quando os judeus estavam presentes, tornavam-se fonte de irritação, quisessem sê-lo ou não, e a "supremacia" convertia-se em desastre para eles. A grande maioria dos alemães demonstrava grande reserva não só diante da crescente hegemonia da inteligência judaica, como também

bém diante do fenômeno geral do ingresso de judeus na sociedade alemã. Eles não estavam preparados, como eu já havia dito, para o ritmo turbulento desse processo, que lhes parecia estranho.

Em meados do século XIX, finalmente, eles já se haviam resignado com a emancipação política dos judeus, mas não havia a correspondente prontidão para aceitar o imoderado movimento judaico em direção às fileiras dos culturalmente produtivos. Os judeus, com sua longa tradição cultural, consideravam-se, naturalmente, feitos para tal papel ativo quando procuraram juntar-se ao povo alemão. Mas foi isto, precisamente, que estimulou uma resistência que se tornou progressivamente mais vigorosa e virulenta, antes que esse processo de aceitação pudesse ser efetivado. De modo geral, o caso amoroso entre judeus e alemães permaneceu unilateral e irrecíproco. Na melhor das hipóteses, despertou algo semelhante à compaixão (como em Theodore Fontane, para mencionar apenas um exemplo famoso, mas bem inequívoco) ou gratidão. Os judeus encontraram, freqüentemente, gratidão, mas quase nunca o amor que tanto buscavam.

Houve gênios incompreendidos entre os judeus, profetas que eram ouvidos de mau grado, intelectuais que defendiam a justiça e outros homens que defendiam – num grau espantoso – haver grandes espíritos entre os alemães. Assim, quase todas as interpretações críticas mais importantes de Goethe foram escritas por judeus!. Porém, entre os alemães, nunca houve ninguém que defendesse os gênios mal compreendidos que fossem judeus. Nada, na literatura alemã, corresponde àquelas inesquecíveis páginas em que Charles Péguy, o católico francês, retratou o anarquista judeu Bernard Lazares como um verdadeiro profeta de Israel e isto numa época em que os próprios judeus franceses – seja por maldade, constrangimento, rancor ou estupidez – somente souberam tratar um de seus maiores homens com silêncio mortal. Aqui, um francês enxergava um judeu como os próprios judeus não poderiam enxergá-lo. Nada corresponde a isto no tão discutido diálogo entre judeus e alemães – diálogo que, na verdade, nunca se realizou como fenômeno histórico. Em uma época em que ninguém ligava para eles, nenhum alemão se levantou para reconhecer o gênio de Kafka, Simmel, Freud ou Walter Benjamin – nada se falando sobre reconhecê-los como judeus. A consideração atual para com estas grandes figuras chega atrasada e não muda em nada o fato mencionado.

Somente poucos alemães – certamente, alguns dos seus espíritos mais nobres – possuíam a larga visão humanista que lhes permitia enxergar e aceitar o judeu como judeu. Um deles foi Johann Peter Hebel, que valorizava o judeu pelo que ele tinha para dar e não pelo que ele teria que abandonar. Porém, foi precisamente entre os liberais que se manifestaram inequívocas restrições aos judeus. Quando Fritz Renter, típico membro da intelectualidade liberal norte-alemã, fez um discurso em 1870 para celebrar a unificação da Alemanha, ele não pôde pensar em nada melhor do que lançar farpas contra "os miseráveis patifes judeus como por exemplo Heinrich Heine" que, supostamente, eram desprovidos de patriotismo. O sentimento de que o liberalismo judaico era de natureza radical e prenunciava tendências subversivas era muito difundido. E, na realidade, durante um século de supremacia no jornalismo, os judeus representaram papel altamente visível na crítica das questões públicas. A situação é completamente diferente de sua participação na direção oposta, que era representada quase exclusivamente por convertidos como Julius Stahl e Rudolf Borchardt. Sua atitude baseou-se profundamente na história judaica bem como em sua posição e função social.

Em reação a esse papel, o fenômeno do anti-semitismo – a que os judeus reagiram com cegueira peculiar – começava a produzir malignos anéis. O anti-semitismo, agora, começava a assumir significado estável e destrutivo no relacionamento cada vez mais crítico entre judeus e alemães. Aqui, torna-se desnecessário enfatizar as específicas condições sociais e políticas sob as quais as formas mais radicais de anti-semitismo vieram a dominar a Alemanha. Mas nada é mais tolo que a opinião de que o nacional-socialismo veio, por assim dizer, caído do céu e que tenha sido exclusivamente um produto das condições após a Primeira Guerra Mundial. Pertence ao lado endividado da pesquisa judaica sobre essas condições a teoria muito adequada segundo a qual o nacional-socialismo é um acidente histórico, inventado por judeus – por judeus, certamente, que nada aprenderam e muito esqueceram. O anti-semitismo não poderia ter-se tornado tão virulento como se tornou ou ter liberado conseqüências mortíferas sem uma longa pré-história. Muitos escritos contra os judeus, no século XIX, lêem-se, hoje, como documentos inteiramente indisfarçados do nazismo do século XX e, talvez, nenhum seja mais sinistro que o livro de Bruno Bauer, *Das Judentum in der Fremde* (*O Judaísmo na Diáspora*) de 1869. Aqui, encontra-se tudo que seria, mais tarde, pregado no "Império dos Mil Anos" e em formulações não menos radicais. E este documento veio da pena de um dos líderes da antiga esquerda hegeliana. Além disso, não faltavam as mais "sublimes" variedades do anti-semitismo – que, logo depois da Primeira Guerra Mundial, encontraram sua expressão em obras como a *Secessio Judaica* de Hans Blüher. Tais obras, flutuando entre admiração e ódio e personificando uma metafísica degenerada na forma de um anti-semitismo refinado, proporcionaram uma deixa para que surgisse uma metafísica mais mortífera. Talvez nada nos desanime mais hoje que a vacilação de muitos alemães, incluindo algumas de suas mentes mais brilhantes, diante dessa onda escura.

Max Brod falou do ideal do "amor distante" como sendo a relação ideal que deveria existir entre alemães e judeus. O conceito é dialético: a consciência da distância evita intimidade muito grande, mas, ao mesmo tempo, afasta o desejo de transpor essa lacuna. Essa poderia, certamente, ter sido uma solução para o período em discussão, se ambas as partes tivessem concordado com ela. Mas o próprio Brod admite que onde há amor o sentimento de distância desaparece – isto valeu para os judeus; e onde há distância, o amor não pode nascer – isto valeu para grande parte dos alemães. Ao amor dos judeus para com a Alemanha correspondeu a distância enfatizada com que os alemães os enfrentavam.

Podemos admitir que com "o amor a distância", os dois parceiros poderiam ter conseguido mais bondade, abertura e compreensão mútua. Mas as conjunturas históricas são sempre ilegítimas. Se é verdade, como agora percebemos, que "o amor a distância" foi a resposta sionista correta para a crescente crise nas relações entre alemães e judeus, também é verdade que o sionismo de vanguarda chegou muito tarde. Durante as gerações que precederam a catástrofe, os judeus alemães – cujo sentido de crítica foi tão famoso entre os alemães como foi irritante entre eles – distinguiam-se por uma estarrecedora falta de discernimento crítico da própria situação. A atitude edificante e apologética e a falta de honestidade crítica contaminam quase tudo o que escreveram sobre a posição dos judeus no mundo alemão das idéias, literatura, política e economia.

A prontidão de muitos judeus em inventar uma teoria a respeito do sacrifício da existência judaica é um fenômeno chocante e há incontáveis variações sobre ele.

Mas nada, parece-me, ultrapassa em absoluta autocontradição e na procura crédula de auto-rendição, que não poderia ser exigida de mais ninguém, a não ser de nós judeus, a formulação produzida em 1935 por Margarete Susman, plenamente consciente do fato de que se estava aproximando o período em que "o mais terrível destino atingiria os judeus".

Ela escreveu: "A determinação de Israel como povo não é a auto-realização, mas a auto-rendição, tendo em vista um objetivo mais elevado e trans-histórico". Neste caso, a ilusão vai tão longe que somos levados a crer –

em nome dos profetas, que, de fato, não queriam que Israel fosse um povo igual aos outros povos – que "o sentido original do pensamento judaico é a absorção deste povo por outros povos".

O que há de tão terrível nesta declaração não é o fato de ela ter sido, devastadoramente, refutada pela história, mas o fato de nunca ter significado nada a não ser a perversão pela qual idéias cristãs – por nós rejeitadas até o último suspiro – agora se apresentavam como exigência dos mais importantes judeus. Tais soluções têm sido oferecidas aos judeus, sempre de novo e de várias fontes. Elas trazem consigo uma profunda desmoralização interior, um entusiasmo pelo auto-sacrifício que permaneceu necessariamente sem sentido para a própria sociedade judaica e que ninguém levou a sério a não ser os anti-semitas, que encontraram nelas um ardil especialmente nefando, uma nota especialmente conspiratória. Pois, precisamente, o desejo dos judeus de serem absorvidos pelos alemães foi entendido com ódio como uma manobra destrutiva contra a vida do povo alemão – tese repetida infatigavelmente pelos metafísicos do anti-semitismo entre 1830 e 1930. Aqui os judeus são considerados, para citar um destes filósofos, como "o poder negro da negação que mata o que toca. Quem se entrega a ele cai nas mãos da morte".

Esta é, em síntese, uma análise do que, desde o princípio, foi um "falso começo" nas relações entre judeus e alemães, que levou os elementos da crise inerentes ao próprio processo a uma evolução cada vez mais madura.

IV

Onde nos encontramos agora, depois do indizível horror daqueles doze anos de 1933 a 1945? Judeus e alemães tomaram diferentes caminhos depois da guerra. Os judeus, em seu segmento mais vital, tentaram construir sua sociedade em sua pátria. Ninguém pode dizer se a tentativa dará resultado, mas todos sabem que a causa de Israel é questão de vida ou morte para os judeus. A dialética do empreendimento é óbvia. Eles moram sobre um vulcão. O grande impulso que receberam da experiência do holocausto – encaremo-lo: a experiência com o morticínio dos judeus, efetuado pelos alemães e com a apatia e a insensibilidade do mundo – foi também seguido por uma profunda exaustão cujos sinais são inconfundíveis. Mas o estímulo gerado pelo discernimento original da própria situação está ainda funcionando efetivamente. Os alemães pagaram sua catástrofe com a divisão do país. Mas, por outro lado, eles experimentaram um ressurgimento material, que colocou os anos passados na sombra. Entre essas duas montanhas, produzidas por erupção vulcânica, poderá haver uma ponte, embora vacilante?

O abismo que os acontecimentos escancararam entre ambos não pode ser esquadrinhado ou mensurado.

Não acredito que o único meio possível de vencer a distância seja admitir o abismo em nossa consciência em todas as dimensões e significados – opinião esta que ouvimos freqüentemente em Israel. Seria um prognóstico incômodo: mera retórica. Pois, na verdade, não existe possibilidade de entender o que aconteceu – a incompreensão faz parte de sua essência – nenhuma possibilidade de entendê-lo perfeitamente e assim incorporá-lo em nossa consciência. É uma exigência que pela própria natureza não pode ser cumprida. Se nós podemos ou não nos encontrar neste abismo, não sei. E se o abismo, escancarado por acontecimentos indizíveis e impensáveis, puder, alguma vez, ser fechado – quem teria a presunção de afirmá-lo?

Abismos são escancarados por acontecimentos, pontes são abertas pela boa vontade. Pontes são necessárias para transpor abismos; são construídas; são produtos do pensamento e do querer consciente. Pontes morais, repito, são o produto da boa vontade. Elas precisam ser firmemente presas dos dois lados, se devem resistir. O povo de Israel sofreu terrivelmente nas mãos de quase todos os povos da Europa. As pontes nas quais nos encontramos com outros povos são suficientemente vacilantes, mesmo quando elas não estão vinculadas à lembrança de Auschwitz. Mas esta lembrança não é também uma oportunidade? Não há uma luz que brilha nesta escuridão, a luz do arrependimento? Falando de outro modo: relações frutíferas entre judeus e alemães, relações nas quais um passado ao mesmo tempo tão significativo e tão horroroso que destruiu a comunicação deve ser preservado e retrabalhado – tais relações precisam ser preparadas longe da publicidade. Mas é somente através de um esforço para realizá-las que podemos garantir que contatos oficiais entre os dois povos não vão ser envenenados por preceitos e exigências falsificados. Já o verme da hipocrisia está roendo as raízes delicadas. Onde o amor não é mais possível, um novo entendimento requer outros ingredientes: distância, respeito, sinceridade, abertura e, acima de tudo, boa vontade.

Um jovem alemão, recentemente, escreveu-me expressando a esperança de que os judeus, quando pensassem na Alemanha, pudessem lembrar-se das palavras de Isaías: "Não se lembrem dos fatos anteriores, nem considerem os antigos". Não sei se a era messiânica presenteará os judeus com o esquecimento. É um ponto delicado da teologia. Mas para nós, que precisamos viver sem ilusões numa era sem messias, tal esperança exige o impossível. Embora possa ser sublime esquecer, não podemos fazê-lo. Somente ao lembrarmos um passado que nunca dominaremos completamente, poderemos ter esperança no reatamento da comunicação entre alemães e judeus e na reconciliação daqueles que se separaram.

6. O GOLEM DE PRAGA E O GOLEM DE REHOVOT

I

Era uma vez um grande rabi em Praga. Chamava-se Rabi Judá Loew ben Bezalel e é conhecido na tradição judaica como o Maharal de Praga. Ele faleceu em 1612. Famoso erudito e místico, a tradição popular judaica atribui-lhe a criação do *Golem* – criatura produzida, em forma humana, pelo poder mágico do homem. O Golem de Rabi Loew era feito de argila, mas, graças ao poder de concentração da mente do Rabi, a ele dirigida, ganhara um tipo de vida. Este grande poder humano não passa de um reflexo do próprio poder criador de Deus e, por essa razão, após ter passado por todos os procedimentos necessários para construir seu Golem, o rabi, no final, colocou em sua boca um pedaço de papel escrito com o nome místico e inefável de Deus. Enquanto este selo permanecesse em sua boca, o Golem continuaria vivo – se se pode chamar esse estado de vida. Pois o Golem poderia trabalhar e cumprir ordens de seu mestre e realizar todo tipo de tarefas para ele, ajudando a ele e aos judeus em Praga, de várias maneiras. Mas a pobre criatura não podia falar. Podia responder a ordens e cumpri-las, mas isto era tudo.

Por algum tempo, tudo ia bem; o Golem, como ajudante do Rabi, tinha até direito de repousar no *Schabat*, quando as criaturas de Deus não devem trabalhar. Antes do *Schabat* o Rabi retirava o pedaço de papel com a inscrição do nome de Deus e o Golem tornava-se, neste dia, uma figura inerte, nada mais que um conglomerado maciço de células de argila (naquele tempo não se falava ainda de "células cinzentas"). Uma vez, numa sexta-feira à tarde, o Rabi Loew esqueceu-se de remover o nome de Deus da boca do Golem e dirigiu-se à grande sinagoga de Praga para orar com a comunidade e receber o *Schabat*. O dia estava quase no fim e as pessoas preparavam-se para o dia santo, quando o Golem passou a ficar inquieto, crescendo em tamanho e, como um louco, irrompeu no gueto, ameaçando destruir tudo. As pessoas não sabiam como detê-lo. Logo um relato do pânico chegou a *Altneuschul* onde o Rabi Loew orava. O rabi correu à rua para confrontar sua própria criatura que parecia haver fugido de seu controle, tornando-se um poder destrutivo por si só. Num último esforço, estendeu o braço e arrancou o nome santo da boca do Golem, fazendo-o cair e tornar-se novamente uma massa de argila inanimada.

Em outra versão da mesma lenda, cujo herói é um grande rabi polonês do século XVI, o rabi consegue parar o Golem, mas o monte de argila cai sobre ele, matando-o. No entanto, a versão mais famosa da lenda do Golem, como criatura humana, num plano subumano, é aquela envolvendo Rabi Loew. Aqui cumpre mencionar que Rabi Loew não foi apenas o ancestral espiritual, mas o ancestral de fato do grande matemático Theodor von Karman, que, como bem me recordo, muito se orgulhava deste ancestral em quem via o primeiro gênio da matemática aplicada de sua família. Além disto, podemos afirmar que Rabi Loew foi o ancestral espiritual de dois outros grandes matemáticos de origem judaica – John von Neumann e Norbert Wiener – que contribuíram mais do que ninguém para a magia que produziu o Golem de nossos dias, o moderno computador. É à mais recente incorporação desta magia que temos o privilégio de dedicar o dia de hoje – o Golem de Rehovot. E, de fato, o Golem de Rehovot pode competir, muito bem, com o Golem de Praga.

Esta idéia do Golem está profundamente enraizada no pensamento dos místicos judeus da Idade Média, os cabalistas. Gostaria de fazer apenas algumas alusões ao que subjaz nesta idéia. Pode parecer muito distante do que o moderno engenheiro eletrônico e o matemático aplicado têm em mente quando conectam suas próprias espécies de Golem, e, não obstante todas as armadilhas teológicas, existe uma linha direta conectando estes dois desenvolvimentos: um ser criado pela inteligência e concentração humanas, controlado por seu criador e cumprindo tarefas por ele atribuídas, mas que, ao mesmo tempo, pode ter uma tendência perigosa a escapar deste controle e desenvolver potencialidades destrutivas. Em última instância, o Golem não passa de uma reprodução de Adão, o primeiro Homem em pessoa. Deus pôde criar o Homem a partir de um monte de barro e investiu-o com uma centelha de sua força vital e inteligência divina (isto é, em última análise, a "imagem divina" à semelhança da qual o Homem foi criado). Sem esta inteligência e a criatividade espontânea da mente humana, Adão não passaria de um Golem – como de fato ele é chamado em algumas das antigas histórias rabínicas interpretando o relato bíblico. Quando se tratava apenas da combinação e culminância de forças naturais e espirituais, e antes que aquela centelha divina e decisiva lhe houvesse sido assoprada, Adão não passava de um Golem. Apenas quando uma ínfima parcela de força criadora divina lhe foi passada, ele tornou-se Homem, à imagem de Deus. Seria, então, surpreendente o Homem tentar, a seu próprio modo, o que Deus realizou no início?

Há, contudo, um empecilho: o Homem pode unir forças da natureza – por ele identificadas como as forças básicas da criação material – e combiná-las em algo semelhante ao modelo humano. Mas existe uma coisa que ele não pode dar a seu produto: a linguagem, que para o autor bíblico é idêntica à razão e à intuição. O Talmude narra uma pequena história: "Raba criou um homem e enviou-o a Rabi Zera. O Rabi falou com ele mas ele não respondeu. Nisso o Rabi disse: Você deve ter sido criado por meus colegas da academia; retorne a seu pó". Em aramaico, a língua do Talmude, emprega-se a mesma palavra para denotar "colegas de Academia" e "mágico", ambigüidade pouco usual. Assim como a mente humana permanece infinitamente inferior à inteligência abrangente de Deus, também a inteligência do Golem permanece inferior à humana – isto é, falta-lhe a espontaneidade que faz o Homem ser o que ele é. Mais ainda, mesmo num plano subumano, há no Golem uma representação do poder criativo do homem. O universo constrói-se, na visão dos cabalistas, essencialmente a partir dos elementos primários dos números e letras, porque as letras da linguagem divina refletidas na linguagem humana não passam de concentrações de sua energia criativa. Desta maneira, ao reunir estes elementos em todas as combinações e permutações possíveis, o cabalista, enquanto medita acerca do mistério da criação, irradia parte deste poder elementar ao Golem. A criação de um Golem confirma, de certa forma, o poder produtivo e criativo do Homem. Ele repete, embora numa pequena escala, a obra da criação.

Nisto também existe, porém, um lado sinistro. Segundo um dos primeiros textos que temos sobre o Golem, o profeta Jeremias ocupava-se sozinho do *Livro da Criação*, quando surgiu uma voz divina dizendo: "Arranje um companheiro". Jeremias, obedecendo, escolheu seu filho Sira e, juntos, estudaram o livro por três anos. Em seguida passaram a combinar o alfabeto segundo os princípios cabalísticos de combinação, agrupamento e formação de palavras, resultando na criação de um homem, em cuja testa apareciam as letras YHWV *Elohim Emet*, significando: "Deus, o Senhor da Verdade". Mas este Golem recém-criado tinha uma faca na mão, com a qual apagou a letra *alef* da palavra *emet* ("verdade"); ali permaneceu a palavra *met* ("morto"). Então, Jeremias rasgou suas roupas (por causa da blasfêmia, "Deus está morto", agora implícita na inscrição) e disse: "Por que você apagou o *alef* de *emet*?" Ele respondeu: "Contar-lhe-ei uma parábola. Um arquiteto construiu muitas casas, cidades e quarteirões, mas ninguém conseguia copiar-lhe a arte e competir com ele em conhecimento e mestria até que dois homens o persuadiram a ensinar-lhes o segredo de sua arte. Quando tinham aprendido como fazer tudo da maneira certa, começaram a aborrecê-lo com palavras. Por fim, romperam com ele e estabeleceram-se por conta própria. Apenas faziam tudo mais barato: o que ele cobrava 10, faziam por 1. Quando as pessoas perceberam isto, pararam de honrar o artista, fazendo os pedidos aos pupilos traidores. Assim Deus criou-o à Sua imagem e forma, mas, agora que você criou um homem como Ele, as pessoas dirão: Não há Deus no mundo além destes dois!" Então Jeremias disse: "Qual é a solução?" Ele disse: "Escreva o alfabeto de trás para frente, no chão, com a máxima concentração. Não medite, porém, no sentido de construção, como fez antes, mas no outro sentido". Assim eles fizeram e o homem tornou-se pó e cinza diante de seus olhos.

É, de fato, significativo que a famosa exclamação de Nietzsche, "Deus está morto", tenha aparecido, pela primeira vez, em um texto cabalístico advertindo contra a criação de um Golem e vinculando a morte de Deus à realização da idéia do Golem.

No desenvolvimento desta concepção, o Golem sempre existiu em dois planos bastante separados. O primeiro era o plano da experiência extática em que a figura de barro, infundida com todas aquelas radiações da mente humana, que são as combinações do alfabeto, se tornou viva no fugaz momento do êxtase, mas não além disto. O outro era o plano lendário no qual a tradição popular judaica, testemunhando especulações cabalísticas no plano espiritual, traduziu-as em histórias e tradições positivas como as que citei no início. O Golem, em vez de ser uma experiência espiritual do homem, tornou-se um servidor técnico das necessidades humanas, controlado por seu criador num equilíbrio frágil e precário.

II

Aqui poderíamos levantar algumas questões, comparando o Golem de Praga ao de Rehovot, o trabalho de Rabi Judá Loew ao trabalho do Professor – ou deveria dizer Rabi? – Chaim Pekeris.

1. Têm eles uma concepção básica em comum? Eu diria que sim. O velho Golem baseava-se numa combinação mística das 22 letras do alfabeto hebraico, que são os elementos e fundamentos do mundo. O novo Golem baseia-se num sistema mais simples e, ao mesmo tempo, intrincado. Em vez de 22 elementos, conhece apenas dois – os dois números 0 e 1 – constituindo o sistema binário de representação. Tudo pode ser traduzido ou transposto para estes dois sinais básicos e tudo o que não puder ser assim expresso não poderá servir de informação ao Golem. Ousaria dizer que os velhos cabalistas ficariam felizes em conhecer esta simplificação de seu próprio sistema. Isto é progresso.

2. O que faz o Golem funcionar? Em ambos os casos é a energia. No velho Golem, era a energia da fala; no novo é a energia eletrônica. No caso dos cabalistas era o *Shem ha-Meforash*, o nome de Deus inteiramente interpretado, expresso e diferenciado. Hoje, ainda, é uma diferenciação segundo um dado sistema e interpretação de sinais e cifras que faz o Golem funcionar.

3. E sobre a forma humana? Aqui, devo admitir algumas restrições. Certamente, o Golem de Praga jamais foi muito atraente como ser humano, mas parece ter guardado alguma semelhança com a aparência humana, o que, sinto dizer, não é o caso do nosso presente Golem de Rehovot. Há, ainda, um longo caminho a percorrer para ele ser moldado numa forma aceitável. Pode-se dizer, certamente, que estas formas externas são ilusões ópticas e embuste, e o que conta, no final, é a mente em funcionamento. E aqui talvez o Golem de Rehovot possa estar em vantagem. A beleza externa lhe foi negada. Que tipo de beleza espiritual reside em seu interior, veremos oportunamente, assim espero.

4. Pode o novo Golem ganhar em estatura e produtividade? Certamente pode, embora, com crescente produtividade, se espere que o Golem de Rehovot diminua em tamanho e assuma aparência mais atraente e agradável. Duvido que o Golem de Praga pudesse corrigir seus erros. O novo Golem parece capaz, de algum modo, de aprender e aprimorar-se. Isto torna os cabalistas modernos e os magos da eletrônica mais bem-sucedidos do que os antigos e permitam-me congratulá-los por isto. Há ainda mais. O velho Golem, aprendemos no *Aprendiz de Mágico* de Goethe, servia seu mestre levando-lhe água para casa. O novo serve seu Rabi, Chaim Pekeris, calculando o movimento das ondas oceânicas – um tipo de atividade mais evoluída no tocante à água.

5. E sobre a memória e a faculdade da fala? Quanto à memória, não sabemos nada no caso do velho Golem. O novo demonstra, certamente, grande desenvolvimento, embora ele tenha, sinto dizer, lapsos ocasionais de memória e outras fraquezas momentâneas que causam problemas a seus criadores. O progresso do novo Golem vincula-se, assim, a uma certa regressão de seu estágio anterior. Adão nunca ficou doente, segundo os rabis, e o mesmo vale para o velho Golem dos cabalistas. O novo, contudo, demonstra uma propensão deplorável nesta direção. E quanto à fala e tudo que ela implica –

a espontaneidade e a inteligência – tanto o velho como o novo acham-se infelizmente dela destituídos. Todos especulam acerca do que serão as formas mais avançadas do Golem. Parece, porém, que, por enquanto e ainda por um bom tempo, devemos contentar-nos com um Golem que apenas faz o que lhe é dito. Há ainda um longo, longo caminho à frente para aquela figura utópica do Golem de que tratou uma famosa caricatura do *New Yorker*. Mostrava dois cientistas bastante embaraçados diante deste Golem dos "últimos dias", enquanto examinavam a fita que lançava sua mais recente informação. Na legenda lia-se: "A coisa amaldiçoada diz: *Cogito, ergo sum*".

6. E isto me leva à última questão: O Golem pode amar? Num velho livro hebraico lemos alguns ditos sobre o Golem atribuídos ao rabi de Praga. Eis aqui um deles: "O Golem nunca ficou doente, pois estava imune a qualquer impulso do mal de onde provém toda a doença. E o Golem devia ser criado sem desejo sexual, pois, caso tivesse esse instinto, nenhuma mulher poderia livrar-se dele". Agora, deixo-os para responderem a esta questão, pois, realmente, não sei o que pensar.

Todo tempo venho reclamando que o Instituto Weizmann não arrecadou fundos para construir o Instituto de Demonologia Experimental e Magia, cuja criação há muito tempo proponho. Eles preferiram o que chamam de Matemática Aplicada e suas possibilidades mais sinistras a meu enfoque mais diretamente mágico. Pouco sabiam em que aventura moderna estavam embarcando quando preferiram Chaim Pekeris a mim. Assim, resigno-me e digo ao Golem e a seu criador: "Desenvolvam-se pacificamente e não destrua o mundo". *Schalom.*

7. S. J. AGNON – O ÚLTIMO CLÁSSICO HEBRAICO?

I

Para podermos entender o gênio de um escritor contemporâneo hebraico como Agnon precisamos antes rememorar a situação do hebraico e da literatura hebraica antes de ele ter-se tornado novamente uma língua que as crianças aprendiam assentadas sobre o joelho das mães, durante as brincadeiras no meio da rua e pelo seu emprego enquanto um meio natural de expressão, de comunicação e instrução. A literatura hebraica antes da nossa geração não tinha essas vantagens. Ela se alimentava de uma outra fonte. O hebraico era a língua de uma vasta tradição religiosa, na qual se encontrava formulado praticamente tudo que tinha valor e importância em relação a essa tradição. Mesmo depois de o hebraico (ou o aramaico, que é tão intimamente afim com o hebraico de forma que para a consciência do judeu ele representava algo como um irmão gêmeo mais novo) ter sido empregado, por um curto espaço de tempo, como uma língua corrente das comunidades judaicas, ele conseguiu se manter sempre como uma língua literária, pois o hebraico, através de muitas gerações, ocupou uma posição central dentro da instrução e estudo da Bíblia e do Talmude.

O hebraico sempre foi importante não apenas para uma elite numericamente pouco numerosa, como foi provavelmente com o latim, mas também para uma parte bastante considerável da comunidade. Cada cidadão tinha um certo conhecimento do hebraico e o estudo da Bíblia e do Talmude não se restringiu absolutamente àqueles que queriam tornar-se rabis ou juízes. Em muitos países onde a vida intelectual e religiosa era muito intensa, como na Polônia, Itália ou Turquia, o hebraico representava o meio de expressão principal para a vida espiritual de um importante setor da população masculina.

Certamente faltou aqui a centelha daquela vitalidade especial que aflui das mulheres para a linguagem e essa falta é muito presente. O que havia, no entanto, sempre foi de uma riqueza extraordinária. O hebraico passou a ser a língua da tradição literária, à medida que exigia uma importância maior. Os livros para as mulheres eram redigidos na maioria das vezes no respectivo idioma, mas praticamente todos os outros, não apenas matéria científica, mas também crônicas, poesia e até mesmo paródias, foram redigidos em hebraico. A língua estava presente em todos os filamentos de associações bíblicas e talmúdicas; havia uma corrente sempre consistente de empregos espirituosos e surpreendentes de antigas formas de discurso, citações ou suas variações engraçadas. Na maioria das vezes o nível de instrução de um judeu era avaliado não apenas pelo seu domínio da Bíblia e do Talmude, mas também por sua capacidade de utilizar essas fontes de conhecimento de forma bastante espirituosa para fins seculares.

Quando a moderna literatura hebraica começou a se desenvolver sobretudo no século XIX e no começo do século XX, ela esbarrou logo de início em um paroxodo: ela se alimentava de uma língua que resultava de uma tradição essencialmente religiosa, mas que ansiava por objetivos profanos. Escritores de grande talento e alguns gênios fizeram o melhor para realizar essa transformação do hebraico em uma língua da literatura profana. Em seus antigos estágios essa nova literatura se voltou contra, principalmente, o estado empedernido da tradição judaica e passou a criticar as faltas e erros fundamentais na estrutura da sociedade judaica da Europa Oriental.

Mais tarde, principalmente com o advento do movimento sionista, o redespertar do hebraico passou a ter um conteúdo positivo. Uma nova vida surgiu nos antigos Estados de Israel e a literatura hebraica resolveu servir como o elo de ligação entre a vida da diáspora, que estava se dissolvendo com suas contradições internas, e a nova sociedade que surgia na Palestina. Mas mesmo esse renascimento e esses escritores proeminentes como Bialik, Tschernichovsky ou Schneuer sempre foram obrigados a suportar as restrições a eles impostas nos meios de expressão de que cada um dispunha. O hebraico permaneceu como uma língua da tradição literária e, mesmo no caso dos grandes escritores que mencionei agora há pouco, que passaram o final de suas vidas em Israel, o hebraico falado da geração mais recente não tinha mais uma influência marcante sobre suas línguas.

Agnon alcançou uma posição na via sacra do hebraico. Na verdade esta é uma posição que coloca um escritor em condições de alcançar o *status* de um clássico. Ele chegou a representar a herança da tradição judaica em sua totalidade e teve a oportunidade de dar à vida do povo judeu um cunho artístico, povo esse que se achava sob o domínio da tradição e sob o embate das forças históricas que exigiam sua dissolução. Ele, que é um grande artista, permanecerá, portanto, incomparável. Agnon tornou-se um mestre clássico – mas será o último nessa linha.

Agnon, que passou grande parte de sua vida, em sua fase mais produtiva, em Israel, presenciou o desenvolvimento do hebraico em uma língua falada, em uma língua que, primeiramente, passou a ser pronunciada a partir de uma decisão moral por parte de um pequeno grupo de utopistas e, posteriormente, por um número cada vez maior de jovens que cresciam em Israel e não conheciam nenhuma outra língua. Ele possuía clara consciência desse processo e sabia que essa metamorfose do hebraico também trazia consigo uma perda decisiva de forma. Isso mostra que uma língua pode tornar-se facilmente caótica, que ela se forma não mais a partir do estudo de textos antigos e de uma reflexão consciente, mas sim a partir de um processo inconsciente durante o qual o poder da tradição desempenha apenas papel secundário. Esse traço caótico presente no hebraico contemporâneo veio à baila provavelmente antes dos anos 40, quando Agnon se estabeleceu definitivamente em Israel. Futuramente poderia surgir ali um meio bastante propício, no qual um novo gênio conseguirá achar seu modo de expressão, mas essa língua seria então, quanto ao seu modo e possibilidades, essencialmente diferente das antigas.

Agnon, com seu sentido para a forma altamente desenvolvido, estava, na verdade, consciente dessa perspectiva de que o hebraico se teria libertado das cadeias da tradição. Ele também ansiava pelo renascimento do hebraico, mas trabalhava duro nas pedreiras da tradição e através do potencial de formas excepcionais, potencial esse presente ali na tradição mesma. Tendo em vista que foi um escritor de grande talento, Agnon conseguiu a forma pela qual lutou. Provavelmente ele será, como já dito anteriormente, o último grande autor nesse meio. Esse é, portanto, um dos resultados do renascimento do hebraico que na maioria das vezes salta aos olhos, na forma de uma língua natural, ou seja, de que as palavras jogam fora o lastro pesado de tons e subtons históricos, que se inseriu no decorrer de três mil anos de história das escrituras sagradas. As palavras adquiriram uma nova castidade e podem assumir uma nova relação, da qual o antigo e às vezes asfixiante e sufocante cheiro do sagrado evaporou.

Naturalmente os escritores das duas últimas gerações tentaram fazer exatamente isso, mas, no fim, o fardo da história os derrubou e ainda prevaleceu em sua revolta. Neste aspecto, os novos "ignorantes", para os quais a Bíblia não é mais um livro sagrado, mas sim uma saga nacional e para os quais a literatura rabínica e medieval é meramente um livro com sete selos, estão em uma situação bem mais favorável do que Agnon e seus conterrâneos. Eles podem lutar com as palavras em um nível de liberdade até agora inimaginável. Na verdade, os perigos do renascimento, que de modo algum são menores do que aqueles do nascimento, também os ameaçavam. Ninguém conseguiu antes dizer o que, do ponto de vista da literatura, iria advir desse turbilhão e caos. Por enquanto, só dá para perceber mais um balbuciar. Muita coisa na obra de Agnon advém da mesma época dessas primeiras tentativas de jovens autores israelistas, e podemos falar de uma fascinação secreta de ambos os lados presente entre esses dois, ou seja, o titular do posto mais elevado da língua hebraica no sentido antigo e os pioneiros da nova terra que se estende para além do outro lado. A vivacidade anarquista, o desregramento, a rudeza da nova língua, assustavam Agnon, constituindo em muitas de suas histórias um objeto de sua ironia e escárnio. Mas o leitor pode sentir que através dessa obra surgia como um tipo de juramento desesperado um apelo às coisas que viriam depois dele. Ele parece dizer: "Já que vocês não aceitam mais a continuidade da tradição e de sua língua em sua relação original então aceitem-na, pelo menos, na transformação que ela sofreu em minha obra, aceitem-na por aquele que está na encruzilhada e que olha para ambas as direções".

II

Tentei mostrar a situação da literatura hebraica na medida em que ela se torna relevante para um posicionamento da obra de Agnon em nossa época. Para compreendermos essa obra precisamos antes dar uma olhada em seu autor. Ambos são, no mínimo, em certa medida, enigmáticos. Não é de admirar que no decorrer dos últimos quarenta anos tenha surgido uma vasta literatura sobre o significado das obras de Agnon, nas quais podemos encontrar pontos de vista extremamente divergentes entre si e até mesmo opostos. Muitos desses comentadores fizeram interpretações que iam muito além do objetivo e muita coisa que leram em Agnon correspondia mais à sua própria visão do que à de Agnon propriamente dita.

Na verdade, as evidentes contradições em sua obra nos levam a tais excessos. Essas interpretações gravitam, principalmente, em torno de um ponto central, vale dizer, da postura de Agnon com relação à tradução histórica e mesmo religiosa do judaísmo. Devemos abordá-lo como um porta-voz dessa tradição, como um mensageiro que entrega sua mensagem através de uma forma sobretudo expressiva e artística, ou devemos enxergá-lo, antes, como um artista completo que faz uso da tradição para poder expressar nela todas as complicações da vida de um judeu em sua época que, no entanto, não consegue obter nenhuma resposta fácil à pergunta: "Para onde vamos?" Ele é o grande defensor da fé, como os ortodoxos o tinham colocado? Ou seria ele um tipo de gênio existencialista que apontava o vazio em toda sua intensidade e a intensidade desse vazio? Não seria ele como aquele rei dos mouros que encheu seu palácio com pinturas de homens brancos, um homem que estabeleceu um ideal, mas que sabia claramente que não poderia ser atingido em nossa conjuntura?

Embora Agnon fosse um grande dialogista, quando se tratava dessas questões, ele sempre se mostrou reservado. Ele não se comprometia assim tão facilmente. Ele produziu sua obra e deixou a cargo de seus leitores fazer um verso sobre ela, e dos seus comentadores se pegarem entre si. Diria até que Agnon chegava a divertir-se com essa idéia. Conheço Agnon há mais de cinqüenta anos e posso afirmar o quanto sua própria perspectiva havia mudado no decorrer dos anos e a mim parece improvável que uma interpretação harmoniosa possa fazer justiça a ele. Quando o conheci, ele era bem diferente de alguém que poderia ser chamado judeu fiel à lei. Mas também tinha-se a impressão de que se tratava do representante de uma grande tradição espiritual. E vice-versa: nos períodos posteriores, quando ele também se tornou um judeu fiel à lei, sempre deixava a impressão de um homem ao mesmo tempo pleno de liberdade intelectual e possuidor de um espírito totalmente não-ortodoxo.

Podemos constatar esse fato também em sua biografia. Ele começou a escrevê-la quando ainda era apenas um jovem rapaz, há mais de sessenta anos. Ele cresceu em Buczacz na parte oriental da Galícia (atualmente Ucrânia Ocidental), em uma antiga e tranqüila comunidade que não tinha mais do que oito mil judeus, e ao mesmo tempo constituía um centro de estudos rabínicos das Escrituras. Ele vinha de uma família de eruditos. Alguns de seus antepassados foram inimigos fervorosos do hassidismo e de tudo aquilo que ele defendia; outros, no entanto, tinham aderido ao movimento. Suas experiências mais antigas durante a fase de juventude espelham esses dois mundos do hassidismo e seus inimigos, e que determinaram a fisionomia da religiosidade dos judeus na Galícia do século XIX. Além da educação tradicional com base no Talmude, sobretudo através de seu pai, Agnon praticamente não recebeu qualquer outra formação formal de peso.

Enquanto crescia, Agnon passou a maior parte dos anos em um antigo estabelecimento de ensino de sua cidade, que se devia orgulhar por possuir uma magistral biblioteca hebraica, que ele devorava indistinta e entusiasticamente. Desde cedo Agnon já se tinha tornado um rato de biblioteca, mas os antigos livros é que fizeram com que sua imaginação se inflamasse. Ele fez anotações e comentários sobre as antigas raízes talmúdicas, ao mesmo tempo que começou a escrever histórias e poesias no estilo dos escritores da Hascalá, ou seja, aquele movimento que começava a transplantar no século XIX o Iluminismo e a cultura européia para o hebraico. Naquela época, Galícia formava um dos centros da literatura neo-hebraica e os escritores locais eram como mestres do estilo hebraico. Ainda em sua juventude Agnon se uniu aos sionistas.

Nos jornais locais extintos da imprensa em hebraico e ídiche, Agnon começou por volta de 1904 sua carreira literária. Um de seus mais antigos amigos, Elieser Meïr Lipschitz, de quem foi amigo íntimo até sua morte, disse a ele naquela época em Lemberg: "Seja claro sobre aquilo que você realmente quer ser, um estudioso do Talmude ou um escritor e poeta". Agnon fez sua escolha bem cedo. Naturalmente, renunciou ao ídiche, cuja vivacidade anárquica incomparável ia menos ao encontro do sentido do poeta para a forma do que o hebraico. Desde então, quando foi para a Palestina em 1907, Agnon nunca mais utilizou o dialeto como meio de expressão literária.

Seu elo permanente com o hebraico, como matéria e forma de sua inspiração, adquiriu uma compleição esplêndida já naquelas primeiras emanações de seu gênio literário como novelista, cujos escritos foram publicados nos anos anteriores à Primeira Guerra Mundial. Seu efeito foi imediato.

O primeiro conto que escreveu do outro lado representa ainda hoje uma peça extremamente lírica e melancólica intitulada *Agunot* (*Almas Abandonadas*), peça clássica com prosa extremamente imaginativa. Quem tem ouvidos para prosa hebraica – e não foram poucos naquela época na Palestina – sabia logo de início que se tratava neste caso de um grande fenômeno. Em 1913, um crítico escreveu o seguinte sobre o conto: "Durante a leitura do conto uma corrente elétrica atravessa o leitor". Nenhum escritor hebraico antes dele teve coragem de publicar um conto tendo como motivo fundamental uma longa citação tirada de um dos livros antigos e esquecidos, provavelmente cabalístico.

E que parodoxo maior se poderia imaginar do que o modo de manifestação do primeiro livro de Agnon intitulado *Und das Krumme wird gerade*, publicado em vários capítulos no periódico semanal do grupo socialista *Hapoel Haza'ir*, um grupo que surgiu sob forte influência de Tolstói e do *Narodniki* russo. A história trata de um motivo Enoch-Arden, o qual é desenvolvido nesta obra dentro de um contexto tradicional hassídico. Ela não foi escrita exatamente no estilo dos antigos livros de orações, mas no estilo que os respectivos autores teriam utilizado, caso estes tivessem sido grandes artistas. Joseph Chaim Brenner, o primeiro a reconhecer o gênio literário de Agnon e a gastar seus últimos *schillings* para, em 1912, em Jaffa, publicar na forma de livro esta história, foi um ateu convicto, enquanto, para citar de passagem, o tipógrafo do livro foi um partidário também convicto do Rabi Nakhman de Bratslav, um dos últimos grandes beatos do hassidismo. Uma coisa sabemos, que ambos estavam fascinados pelo livro e que aceitavam, por assim dizer, todas as atitudes adversas posteriores do venerado Agnon. Para Brenner isso representava a primeira obra de literatura profana hebraica em que a tradição judaica se tornara um mero instrumento artístico e não mais determinada por fatores incompatíveis com a arte como crítica ou apologética da sociedade judaica. Para Meïr Brazlawer, com o qual tive um estreito relacionamento durante anos, uma alma totalmente pura, ela representava uma corporificação autêntica do ensinamento e da vida hassídicos.

Naqueles anos de ensinamento durante sua primeira estada na Palestina, Agnon conseguiu se sentir em casa nos dois campos. Ele se movimentava com a mesma facilidade entre os primeiros pioneiros da segunda onda de imigração, que queriam realizar a renovação do povo judeu através da religião do trabalho pregada por Tolstói, bem como através de uma renovação humanística do coração, ao invés da revolução social. Ele apropriou-se de sua visão do sionismo como a única esperança para o futuro do povo judeu, ainda que esse sionismo tivesse adquirido em sua obra uma surpreendente palidez.

Ao mesmo tempo Agnon conseguiu manter estreitas relações com os representantes do corpo religioso tradicional. Sem dúvida, havia em sua atitude para com ambas as esferas uma clara diferença de tom. Ele tinha abandonado, numa atitude consciente, o mundo da tradição como ele o havia conhecido na sua juventude, no entanto, sempre esteve totalmente impregnado e fascinado por este mundo. Considerando a posição privilegiada de um grande movimento que começava a mudar essa vida, a tradição e seus representantes pareciam clamar por uma forma artística. Na certa, o mundo encantado dos antigos habitantes ortodoxos, que fugiam para os lugares santos diante dos sionistas, não conseguiu transmitir uma mensagem de renascimento do povo judeu para o jovem Agnon. No entanto, esse mundo forneceu a Agnon um grande estoque de raras e especiais figuras e estímulos que só poderiam surgir dessa atmosfera. A vida de séculos, aqui, no entanto, pareceu paralisar-se em uma mistura bastante estranha de imortalidade e decadência. O encontro com este mundo da antiga Jerusalém colocou um jovem artista, que reconheceu também nela uma parte subversiva dele mesmo, diante de grandes tarefas.

Agnon havia absorvido a vida da Palestina judaica naqueles anos que antecederam a guerra e procurou, durante algum tempo, se desligar desses dois centros que até agora tinham determinado sua vida, ou seja, Galícia e Palestina. Procurou um lugar para o desenvolvimento posterior e para a cristalização de suas experiências artísticas. Assim, em 1913 segue para a Alemanha, na verdade, só para passar alguns anos, mas lá fica prisioneiro da guerra, de modo que sua estada neste país se estende até 1924, quando então retorna definitivamente para Jerusalém.

Esses anos na Alemanha mostraram-se muito importantes para sua obra. Ele encontrou uma nova espécie de judeus que o deixou admirado. Por mais que eles aguçassem sua curiosidade, Agnon, no entanto, não se envolvia num sentido mais profundo em seus assuntos como por exemplo nos assuntos dos galizianos. Lá ele podia sentir-se livre no exílio e ao mesmo tempo perceber a serenidade desinteressada de um homem, que sabe de onde ele faz parte. Sempre foi um leitor incondicional e quando o vi pela primeira vez foi na mencionada biblioteca da comunidade judaica em Berlim, onde ele, como afirmou, ficava olhando os livros que ainda não teria lido.

Nesta época, também manteve um estreito contato com a literatura européia e foi sobretudo um grande leitor de Hamsun. Já naquela época Agnon mostrava uma grande tendência ao perfeccionismo e reescrevia suas histórias seis ou sete vezes, um traço de sua personalidade que logo se tornou um pesadelo para o seu editor, já que ele, durante as correções, tratava de reescrever incansavelmente seus escritos. Naqueles anos passados na Alemanha ele publicou pouca coisa, mas trabalhou intensamente nas revisões de suas histórias mais antigas e também nas mais recentes. Naquela época também escreveu muita poesia e um longo romance autobiográfico, no qual fez um balanço crítico dos anos de juventude e dos movimentos que tinham dado forma a ela. O único capítulo em que isso se encontra preservado e publicado mostra um quadro amargo e até aniquilador do sionismo da Galícia em sua juventude.

Eu disse o único capítulo, pois em junho de 1924 todos os seus manuscritos e os demais papéis foram exterminados, juntamente com sua preciosa biblioteca hebraica, pelo fogo que destruiu sua casa em Homburg. Essa catástrofe provocou uma crise na vida de Agnon.

Nunca mais foi o mesmo e quem poderia calcular os efeitos de um golpe dessa natureza na personalidade de um grande artista? Agnon teve que começar tudo de novo. Parou de fazer poesias e nunca mais tentou refazer seu romance destruído, abdicando das coisas perdidas e partindo daquilo que possuía, ou seja, da sua própria fantasia criadora.

Alguns meses após o incêndio, Agnon retornou a Jerusalém. Sentia-se mais profunda e indissoluvelmente ligado à cidade e adotou uma postura conservadora no contexto da tradição judaica. Durante mais de 25 anos voltou apenas uma vez à diáspora e, na verdade, depois de um outro choque, quando sua casa, que ficava no subúrbio de Jerusalém, foi saqueada durante os tumultos de 1929 pelos árabes. Fez uma rápida visita à sua cidade natal e permaneceu durante quase um ano na Alemanha, onde os primeiros quatro tomos de suas obras reunidas foram publicados para cuja redação ele tinha dedicado cinco anos de trabalho.

Essa viagem foi seu último encontro com a Europa e os judeus da Europa, um encontro que deixou uma forte impressão em sua mente e formou uma levedura em alguns de seus escritos posteriores mais significativos. Na verdade, não havia praticamente nenhuma outra necessidade para Agnon procurar a diáspora. No entanto, a diáspora chegou até ele agora nas ondas sempre mais altas das imigrações para a Palestina. Sua criação alcançou nesses anos dimensões mais extensas.

Nesse sentido não seria de forma alguma exagero falar do talento especial de Agnon como antologista. Este talento representa muito mais do que uma ramificação de sua profissão de escritor. No fundo, ele nunca foi um erudito no sentido de uma paixão pelas análises históricas e críticas ou de um estudo sobre os fenômenos num contexto conceitualmente bem refletido. No entanto, Agnon possuía uma forte tendência para o trabalho erudito, que correspondia ao seu amor pelo estudo das fontes originais. Ele tinha um sentido atento para o elemento importante e especial que tinha que ser encontrado nos campos espaçosos da literatura hebraica e um dom para sua síntese.

Já durante seus primeiros anos na Alemanha, ele editou duas antologias em idioma alemão, *Das Buch von den polnischen Juden* e *Maos Zur, ein Chanukkah-Buch*. Em Jerusalém ele gastou muito tempo e trabalho em três antologias, nas quais introduziu uma grande peça sobre ele mesmo. Elas representam uma mistura completa de seu talento como erudito e grande conhecedor com seus dotes de escritor e mestre da forma. Em seu gênero, elas constituem obras excepcionais. Uma é uma antologia das tradições, legendas, usos e esclarecimentos muito elucidativos sobre tudo aquilo que acontece com os judeus devotos nos dez dias entre a festa de fim de ano e o dia da expiação, "ali estão compilados trezentos volumes, antigos e recentes", e ainda existe uma edição resumida em inglês sobre o assunto. Agnon tinha uma profunda consciência sobre o valor desta antologia a respeito dos dias festivos mais importantes dos judeus, e também estava inteiramente cônscio de que iriam roubá-lo aqui e ali (e por onde é que não faltou). Com seu humor um pouco sarcástico, ele levantou um número de peças das mais significativas de sua própria produção, atribuindo-as a um livro fictício intitulado *Kol Dodi* (*A Voz do Meu Amigo*), livro este relacionado na bibliografia na parte final de forma inocente e descompromissada como um "manuscrito em poder do seu autor".

A outra antologia, *Bücher und Autoren*, contém histórias e anedotas sobre livros hebraicos e seus respectivos autores e nasce a partir de um interesse insaciável pelas histórias dos livros judeus. É um livro magnífico que, por motivos totalmente inexplicáveis, só se acha em uma edição particular. A última dessas antologias é uma coletânea de sentenças tiradas da literatura judaica sobre os dez mandamentos.

Esses livros, para cuja elaboração Agnon gastou anos de trabalho, devem ter significado muito para ele.

Neles, ele se fez de instrumento através do qual a voz pura da tradição se tornaria perceptível em todo seu laconismo altamente refinado, em que neste caso sua própria voz mistura-se de forma indiferenciada nas vozes das fontes originais. Há mais de quarenta anos ele tinha planejado um grande tesouro de histórias hassídicas, para cuja empreitada havia se associado a Martin Buber. Agnon tinha começado o trabalho quando os primeiros montes do manuscrito pegaram fogo e o plano acabou sendo abandonado.

Essas tendências eruditas de Agnon mostram seu gênio a serviço da profissão. Nestes trabalhos, ele tem um desempenho discreto mas eficaz. É interessante notar, neste caso, que o único grande escritor hebraico com o qual Agnon se entendeu perfeitamente foi Chaim Nakhman Bialik, o grande poeta que possuía a mesma tendência e aptidão de um antologista criador.

Podemos dizer que Agnon não se sentia tão bem no meio dos escritores como no meio dos estudiosos, que, aliás, de modo até surpreendente, aparecem como figuras centrais em alguns de seus magníficos contos. A profissão de escritor e artista como tal praticamente não lhe estimulava a fantasia, ao contrário da profissão de erudito, cuja concentração firme e sem medida sobre um objeto do conhecimento exerce uma fascinação cega como aquela que aparece, provavelmente, no conto *Iddo und Einam*, uma história enigmática sobre a grandeza e o malogro da ciência[*].

III

O acervo de Agnon nesses sessenta anos vai desde pequenos contos, às vezes de proporções espantosamente reduzidas, até extensas crônicas e romances que espe-

---

[*] A tradução para o alemão desta novela encontra-se no tomo publicado em Zurique em 1964 com o título *Hebräische Erzähler der Gegenwart* (*Narrador Hebraico do Tempo Presente*). (N. do A.)

lham a vida judaica, principalmente das últimas quatro ou cinco gerações. Muitos críticos apontaram com razão a evidente tensão entre o artista e o tradicionalista na pessoa de Agnon. Esta tensão faz parte do seu ser. Ele parte da tradição, mas na medida em que a emprega como seu material de trabalho. A partir daí seu caminho seguia em duas vias: uma, na medida em que ele se embrenhava cada vez mais profundamente nesta tradição, em sua grandeza e suas complicações medidas; a outra, na medida em que expunha suas ambigüidades, indo buscá-la, de algum modo, na indefinição e, ao invés disso, partia da incerteza e do abandono do judeu moderno, que tinha que realizar a si próprio, ou então fracassar nesta empreitada sem ter ainda à disposição a luz orientadora de uma tradição, que parou de fazer sentido.

Sua obra gira, no hebraico, em torno de dois pólos, o mundo de Buczacz e o judaísmo polonês principalmente, e o mundo da nova vida que florescia no centro antigo em Israel. Ambos os mundos são possíveis nas duas vias mencionadas, tão características para Agnon, o que deixava muitos de seus leitores, de certa forma, bem confusos.

O mundo de valores judaicos permanentes e o mundo de confusão extrema parecem, no caso de Agnon, estar separados através de duas ou três gerações, mas esta primeira impressão é falsa. Pois grandes tensões acontecem até mesmo dentro do mundo da tradição, dentro de sua aparente facilidade para a obstinação, e o dualismo de harmonia e dissolução torna-se visível também nas batalhas que estavam em jogo na época do próprio autor. Agora o desentendimento, a confusão, parecem prevalecer, mas ainda assim existe um equilíbrio instável entre as duas forças. Um canto esquecido como a pequena cidade de Buczacz sempre pôde conter em si mesmo o vasto mundo de paixões humanas e ambições, de riqueza infinita e tragédias sem precedentes, e exatamente assim na luta por uma vida nova no antigo país é que teriam vindo à tona as infindáveis ambigüidades e problemas internos do sionismo, que Agnon teria realizado seu plano e dado o esperado prosseguimento ao seu romance sobre a vida na Palestina antes da Primeira Guerra Mundial.

Agnon começou com pequenos contos e alcançou, desta forma, quase imediatamente um aperfeiçoamento que chegava a deixar o leitor sem fôlego. Passaram mais de vinte anos de intensa produtividade antes de ele ter publicado seu primeiro livro realmente extenso, uma crônica da vida judaica na Galícia hassídica há 150 anos, que fica, sob diversos aspectos, na fronteira entre uma novela e um romance e até proporciona um contexto para muitos outros pequenos contos.

Muitos destes primeiros contos, que o deixaram famoso e que deviam ser considerados produtos clássicos no seu gênero, são lendas do passado judaico. O segredo de seu aperfeiçoamento diz respeito ao fato de que num espaço tão pequeno surja um conteúdo infinitamente rico. Insuperáveis são, neste gênero, as obras-primas no terceiro volume de sua coletânea, através das quais muitas coisas são ditas por um espírito de tristeza infinita, mas que ao mesmo tempo contém algo de consolador.

Esse vaivém de consolação e tristeza é um traço profundamente judeu na obra de Agnon. Dele faz parte provavelmente a história incrivelmente contida de Asriel Mosche, o carregador de cargas, um homem totalmente sem instrução, que se apaixonou de tal forma pelos livros na biblioteca da Escola que anotou os títulos de todos os livros e estudou incansavelmente o conteúdo que ele jamais estaria em condições de compreender, e finalmente acaba se tornando o bibliotecário na Escola e cobre os antigos volumes com seu corpo quando ele, durante uma das perseguições, morre como um mártir. Ou então a história sobre um mensageiro vindo do país santo, que fazia uma conferência sobre o Talmude diante de uma comunidade judaica de eruditos na Polônia, mas que foi de tal maneira importunado pelos eruditos ali com objeções e sutilezas e levado *ad absurdum* que não conseguiu continuar e abandonou a cidade sob lágrimas, e as testemunhas, na sinagoga, que presenciaram seu vexame foram atrás dele.

Muitas destas lendas são inspiradas por qualquer frase talmúdica de grande expressão. Temos também a história sobre o fazedor de vinagre miserável, que se achava totalmente só no mundo e juntava cada centavo para viajar até o país santo, e que, na procura por um lugar seguro para suas economias, pôs seu dinheiro na caixa de esmolas sob o Cristo na Via Sacra. Quando finalmente quis buscar seu dinheiro, ele foi processado pelo roubo do dinheiro da igreja. "Aquele homem", como Jesus é chamado em hebraico, foi para sua cela e o trazia na bainha de sua túnica para Jerusalém onde seus compatriotas o encontraram morto diante do seu local de reunião. Agnon foi combatido por idiotas (e esses é que não faltam em Israel) por ter glorificado Cristo; tempos mais tarde, afirmou que essa história era uma alegoria amarga sobre a falha do sionismo político, que se achava prisioneiro na aba do casaco das promessas vazias dos ingleses, com as quais se chegava, no melhor dos casos, ao país santo, mas neste caso, lançado ao duro chão da realidade, já sem vida. Eu acredito nesta ardilosa interpretação.

Agnon escreveu no decorrer dos anos uma grande quantidade de histórias de pequenas e médias proporções. Muitas delas narram exatamente um episódio, outras condensam um desenvolvimento altamente dramático. Alguns desses episódios já foram mencionados. Sobre as histórias mais dramáticas é difícil tomar uma decisão sobre quais delas merecem o maior elogio. Gostaria de mencionar apenas três, que me parecem de um nível mais elevado e que também aparecem em uma tradução para o alemão. São elas: *Die Erzählung vom Toraschreiber, Die Scheidung des Doktors* e *Zwei Gelehrte aus unserer Stadt*.

A primeira história narra sobre um escriba da Torá, cuja mulher clama por um filho e suplica ao marido, um homem de uma religiosidade irrepreensível, para intervir junto aos céus. Seu marido, cujo ofício é narrado com muitos detalhes cabalísticos e hassídicos, escreve um tomo da Torá em sua memória e morre, depois de tê-la matado, após a festa da "Confraternização da Torá", o último dia da festa de outono, uma visão extática e erótica de sua mulher morta. O narrador abdica de todo o aparato psicológico, mas fornece uma imagem inteira de tensão dramática na vida de Rafael, o escriba da Torá. Esta não é uma das histórias mais extensas de Agnon escritas num estilo solene, que poderia ser lida até mesmo em um pergaminho nas monumentais letras que os escribas utilizam.

Ao contrário do que acontece com os outros dois contos, nesse outro um único acontecimento determina toda uma vida. Um médico em Viena casa com uma enfermeira que confessa a ele, quando aceita seu pedido de casamento, ter tido um relacionamento com um outro homem antes de ela tê-lo conhecido. Essa revelação, no entanto, destruiu o casamento desde o início. Ele não conseguiu conviver com este fato e assim um profundo e verdadeiro amor é arruinado por dentro.

Em oposição ao laconismo pronunciado dessas páginas, surge a descrição detalhada das vidas de dois amigos que convivem sob a sombra cada vez mais comprida e tenebrosa de uma observação fácil e maliciosa que, certa vez, um deles fez durante uma conversa amigável. Seu amigo engoliu a observação e ela consumiu a raiz de sua vida. Rabi Schlomo, a quem a observação maldosa fugiu da memória, sobe na vida de sucesso em sucesso e procura ao mesmo tempo, em vão, apaziguar a inimizade implacável de seu antigo amigo, Rabi Mosche Pinchas. Seu coração, no entanto, estava irremediavelmente machucado e aquele novo passo que o amigo toma no sentido de uma reconciliação só fez aumentar ainda mais sua amargura. Ambos são estudiosos do Talmude e de elevado nível, mas não existe lugar no mundo para os dois. A história é narrada com uma lógica inquietante e um extraordinário exame psicológico. A luz da Torá não é suficiente para aquecer um coração congelado.

Essa verdade amarga é gravada na memória, mas não com a paixão polêmica que todo autor anterior hebraico teria colocado nela, mas sim com uma compreensão profunda e uma calma refletida, bem como imparcialidade, que dela fizeram um dos contos de maior expressão da literatura hebraica.

Falei sobre as paixões humanas que nos escritos de Agnon adquirem seu lugar natural. Afora algumas raras e memoráveis exceções, o estilo de Agnon distingue-se através de uma conduta peculiar, através da falta de ênfase e desabafos sentimentais. Ele quase não levanta a sua voz, e em todos os seus escritos não existe nenhum vestígio de histeria expressionista. Quase sempre ele descreve situações que poderiam suportar um pouco disso, mas sempre se empenha em transmiti-las com uma voz mais calma e até mais suave.

Sem dúvida ele se apoiava, neste caso, na sobriedade extraordinária da prosa rabínica, do estilo do Mischná e do Midrasch, que tiveram uma profunda influência no seu modo de escrever. Essa prosa não tolera qualquer exagero sentimental e sua severa moderação se faz valer ali onde Agnon tem que lidar com situações de grande tensão emocional.

Isso vale, principalmente, sobre seus contos hassídicos, um gênero no qual a representação do efeito da mística na vida dos judeus ameaçava quase todos os outros escritores hebraicos, que se empenhavam em contá-la, a descambarem para o sentimentalismo. Agnon, que estava profundamente embrenhado na prosa realista da literatura cabalística, na qual os judeus tinham expressado relações místicas, encontrou um outro caminho para fazer justiça às exigências colocadas para tais situações. Um longo caminho que vai do sentimentalismo quase sempre estridente das importantes histórias hassídicas de Juda Leib Perez para as descrições de Agnon do mundo do hassidismo. Nestes trechos de seus escritos também predomina um tipo de perfeita jovialidade e urbanidade. O fantástico se entrelaça, no caso de Agnon, da maneira mais íntima com a realidade crua; ele é parte dela. Além disso, não são provavelmente o sagrado e seus respectivos arrebatamentos extáticos que constituem os verdadeiros objetos de um interesse – eles acontecem quase que apenas em citações ou em histórias que outros contam sobre eles –, mas sim o pequeno homem, o membro da comunidade hassídica para o qual a vida, em todos os níveis, está ao mesmo tempo repleta de realidade como também cheia de mistérios inesgotáveis. Ele é o verdadeiro "herói" deste conto.

O solo no qual o próprio judeu devoto se movimenta é bem frágil. Forças ocultas espreitam por toda a parte e a magia da lei parece suficiente o bastante para mantê-las sob domínio. Só mais um pouco, um pequeno empurrão é preciso para que este solo ceda e deixe o homem, mesmo dentro do campo da lei, para não falar fora, como uma vítima dos demônios que provavelmente não passam de suas próprias incertezas e confusões. Agnon, que deu muita atenção a este lado da experiência humana, não se comprometeu em dizer qual o verdadeiro caráter do palco sobre o qual ocorrem esses estranhos acontecimentos. Suas histórias sobre essas experiências sinistras, contadas através da maior transparência e simplicidade realista, estão reunidas em seu livro intitulado *Buch der Geschichten* ou *Buch der Vorkommnisse*, que traz consigo muitas controvérsias devido à natureza kafkaniana das experiências ali descritas*.

---

* Entre os muitos traços característicos que Kafka e Agnon têm em comum gostaria de mencionar aqui apenas um. Max Brod diz o seguinte sobre Kafka: "Foi tão bom quanto impossível falar com Kafka sobre coisas abstratas. Ele pensava em figuras e falava em figuras. O que ele sentia, ele procurava expressar da maneira mais simples e direta, o resultado, porém, era bastante complicado e levava a especulações intermináveis sem qualquer resolução real". Isso vale, no mesmo sentido, para Agnon, sobre o qual sempre pude me certificar. (N. do A.)

Para muitos, esses contos parecem precisamente um pólo oposto aos seus outros escritos, nos quais ele se distancia muito do mundo da tradição, cujos pontos de ruptura e ambigüidades vêm naturalmente à tona através dele. Outros os tomam mais como um adendo complementar ao seu antigo acervo, e muitos preferiram não olhar e não tomar nota da existência desse livro extremamente inquietante. Neste caso é evidente que algo devia ser criado, o que para o propósito artístico de Agnon era de grande importância.

O paradoxo, inerente a cada diligência que se faz no mundo, aparece logo no despropósito do título – a palavra hebraica *ma'assim*, que significa ao mesmo tempo feitos, histórias e acontecimentos –, pois, precisamente, a impossibilidade de realizar apenas o menor feito é aquela em torno da qual a palavra gira dentro do livro. Através de cada tentativa para essa realização forma-se uma confusão inextricável e desesperada da qual não há como fugir, seja através de um tipo da solução *deus ex machina* ou através do despertar de um pesadelo.

Na verdade eu diria que muitas dessas histórias simplesmente representam descrições de sonhos. Esse elemento onírico encontra-se também nos acontecimentos da vida diária. O narrador quer jogar carta ou procurar um amigo, mas essa tentativa é totalmente em vão. O que essa falta de perspectiva implica não fica claro. Poderiam ser os contratempos e embaraços mais simples da vida cotidiana, com os quais o homem vai se deparando durante o seu caminho ou alguma coisa como a "perfídia do objeto", para citarmos Friedrich Theodor Vischer; pode se tratar também, de certo modo, de um pesadelo de caráter surrealista. Em todo caso, uma coisa fica bem clara, que, também, quando se dá um pequenino passo para dentro da realidade ainda assim nos foge qualquer certeza por menor que ela seja, menos ainda nas esferas da transcendência.

Certamente isso nos faz pensar no fato de que tudo isso advém exatamente de um autor que tinha conhecimento de estar em plena posse da herança daquela tradição, cuja ausência ou inacessibilidade quase sempre aparece, e com razão, como um fator decisivo no mundo de Kafka. Agnon não foi de forma alguma o primeiro que percebeu a porosidade ou, deveria dizer, permeabilidade da tradição. Ele conseguiu aprender – e fez isso – muito sobre esse estado das coisas a partir dos ensinamentos e dos contos famosos entre os judeus do Rabi Nakhman de Bratslav (dos primeiros anos do século XIX), os quais provêm da mesma inspiração. Se a "história dos sete mendigos" não tivesse sido contada pelo Rabi Nakhman, ela provavelmente poderia ter se tornado uma história de Agnon e teria em volta dela uma aura totalmente kafkaniana.

IV

Após seu retorno para Jerusalém, Agnon escreveu uma série de longos romances, os quais deveriam ser qualificados como os mais importantes, enquanto crônicas. Como crônicas da vida judaica no século entre 1830 e 1930, três delas formam um tipo de trilogia, cujos trechos, não obstante toda sua variedade, são interligados através da unidade de dinâmica histórica. Estou falando, neste caso, dos livros *O Dote da Noiva* (1931), *Hóspede por uma Noite* (1939) e *Ontem, Anteontem* (1946). Na ordem cronológica, a terceira parte da trilogia (ainda incompleta de acordo com a própria observação final de Agnon – talvez feita não totalmente a sério) vem, na verdade, em segundo lugar. Provisoriamente foram publicadas apenas *Hóspede por uma Noite* e *Ontem, Anteontem* numa tradução para o alemão, enquanto o primeiro livro aparece numa tradução para o inglês.

O Dote da Noiva conta a história das peregrinações e aventuras do Rabi Juedel Chassid na Galícia Oriental, que se põe a caminho para trazer um dote para o casamento de sua filha. Sem ter bens materiais, ele faz uma viagem em poder de uma carta de recomendação do

Rabi de Apta, uma das grandes figuras do hassidismo. O Rabi Juedel é uma encarnação exata do hassidismo em seu apogeu, quando ele conquistou por volta de 1830 uma parte bastante extensa dos judeus na Galícia. Ele está presente nos livros sagrados e nos ditos e contos dos grandes *Tzadikim*, que para ele constituem a efetiva realidade. E aquilo que sempre lhe sucedia em suas viagens só pode servir para confirmá-la. Ele é de uma serenidade e satisfação de espírito que não termina por nada, pois tudo se adapta a ele no âmbito sagrado, como vem traçado nos escritos. As coisas mais inacreditáveis acontecem a ele e ao seu cocheiro, um Sancho Pança judeu prosaico. E quanto às perspectivas de sua empreitada, tudo parece ainda mais melancólico. Mas isso tudo não o atinge. A garantia do rabi sagrado von Apta que o colocou na estrada significa para ele muito mais do que os reveses do destino e as adversidades da vida.

Eu disse que os contos de Agnon, sobretudo aqueles escritos nos tempos antigos, carregam em sua volta uma atmosfera extremamente triste. Neste livro o humor de Agnon, porém, vem à baila. Ele jamais expressa nem mesmo a menor crítica que seja ao comportamento do seu herói, que o enreda em uma cadeia imprevisível de situações absurdas. Ele conta a história sem nem mesmo pestanejar, deixando que o diálogo e as situações falem por si mesmas. Os primeiros contos do livro de Agnon *Livro dos Acontecimentos* surgem provavelmente na mesma época do livro *O Dote da Noiva*. Eles formam, por assim dizer, dois lados da mesma moeda, se, no entanto, R. Juedel tivesse sido o personagem central do livro de Kafka, *O Processo*, o que seria perfeitamente possível, então ele teria aguardado com calma por essa revisão. Pois Agnon trata da revisão de *O Processo* em muitos de seus escritos. Muito do absurdo sincero do *Livro dos Acontecimentos* aflora também no romance, mas neste caso ele se dá através do humor e por fim através de um milagre para a resolução diante da qual o próprio Kafka teria se mostrado o mínimo possível surpreso.

Neste caso, é pintado um quadro da vida judaica com detalhes precisos e coloridos, como ele apareceu também neste círculo antes do advento dos tempos modernos. Agnon faz parte daqueles artistas que leva a sério o seu ofício de escrever nos mínimos detalhes; R. Juedel nunca deu um passo sequer que não tivesse um fundamento nos livros sagrados. Da mesma forma, todo o ritual, ou seja, toda charlatanice supersticiosa corresponde mais exatamente às fontes literárias. Os grandes rabis, que são citados, existiram e são de carne e osso e podemos consultar seus livros. (Essa precisão profissional vale sobretudo para as experiências de Agnon em seus contos, e ainda mais que os mínimos detalhes sobre o carro elétrico estão perfeitamente corretos.)

Oitenta anos mais tarde, o palco mudou profundamente e muito mais que o palco. Jizchak Kummer, o herói de *Ontem, Anteontem* é tio de R. Juedel. O hassidismo e a tradição judaica principalmente começam a enfraquecer. O ímpeto cessa e um novo ideal, o renascimento do povo judeu em sua antiga pátria, inflama o entusiasmo da juventude. Este é um recomeço revolucionário, que ao mesmo tempo quer ser uma continuação do antigo, se bem que numa nova roupagem. Qual é realmente a posição da tradição religiosa neste caso ou qual deveria ser não fica claro para nós. Pois essa tradição também está gasta e se acha num estado de dissolução e, no melhor dos casos, em uma das mais perigosas crises. Onde ela ainda persiste – e ela o faz profusamente – é na verdade dentro de um círculo fechado e encantado e quase não consegue mais exercer uma fascinação viva sobre aquele que se encontra fora dela. O hassidismo foi a última grande realidade social, na qual, sob a luz de uma grande idéia, o judaísmo havia adquirido expressão enquanto uma forma viva que deles recebia seu estímulo. No início do século XX foi o sionismo a força propulsora que teve sua origem na crise da vida judaica na diáspora, que clamava por uma nova transformação. Diria que essa vida clamava por uma transformação sem ter que gerá-la, diria até que as dores de parto da nova sociedade judaica deviam ser cruéis e perigosas.

Essa é a atmosfera que pulsava na obra-prima de Agnon. Kummer, como um jovem rapaz, parte, como o próprio Agnon, para a Palestina, onde tudo se encontra em fase de transição. Ele não encontra seu lugar ali, embora estivesse disposto a aceitar qualquer trabalho que a vida na nova colônia exigisse. Assim Kummer se movimenta entre dois círculos sociais, o antigo em Jerusalém e o novo na Tel-Aviv recentemente fundada e nas colônias agrícolas. O lado positivo da nova vida, mesmo em seus aspectos questionáveis, aparece mais ou menos somente como pano de fundo e mesmo assim somente como esboço.

Agnon tencionava às vezes ter como tema central de um outro romance, que até hoje não foi publicado, a vida dos jovens pioneiros que se agarravam ao trabalho nas novas colônias e nos *kibutz* que surgiam e lá permaneciam. Assim, temos a ver somente com as notas, os anos de aprendizagem, que deram em nada, de uma alma perdida, descritos em pormenores numa mistura de melancolia e humor.

Agnon possui um sentido alerta para o vazio melancólico que se abre também na exploração comercial da nova vida. Seu herói está sempre à procura de uma realização, cuja natureza ele não consegue especificar. Ele vai para Jerusalém e é atraído pela atmosfera encantada. Suas aventuras locais – aventuras de alguém que procura incessantemente por uma libertação em uma esfera estagnada da vida – constituem o cerne do livro. Ele se empenha em reconstruir uma relação autêntica com o mundo da tradição, que a ele parece, cada vez mais, conter em qualquer parte uma grande promessa para encontrar o caminho de casa. Mas tudo isso é em vão. Desde o princípio existia alguma coisa que não estava em ordem. Esse elemento estranho apresenta-se numa clareza simbólica nos incidentes surrealistas entre ele e um cachorro sem dono. Tudo começa com uma brincadeira casual e termina como uma tragédia. Kummer não sabe o que estava fazendo ao cachorro ao pintar nas costas do animal, em tom de brincadeira – ele que trabalhava como pintor –, as palavras "cachorro louco". O autor desenvolve de forma extraordinária como essa epígrafe, que o próprio cachorro desconhece, torna-se o instrumento que destrói a vida do personagem central bem como a do cachorro. As investigações deste cachorro, se me permitirem assim chamar suas reflexões, estão em contraposição aos acontecimentos e à procura de Jizchak Kummer, que também acabam não tendo um final feliz.

Na verdade o sionismo proclamava a construção de uma nova vida, mas seria dizer muito se pensarmos que essa construção teria êxito somente em alguns trechos da obra de Agnon. Poderíamos dizer, contudo, que no fundo o sionismo no caso de Agnon aparece como uma tentativa nobre, mas fadada ao fracasso, enquanto na verdade todas as outras coisas se mostram ainda piores, como pura mentira. E mesmo em nossa época não existe qualquer caminho de volta para a vida de anos atrás, o que sempre pode ter sido sua glória passada. Na medida em que os contos e romances de Agnon se desenrolam em nossa própria época, eles se movimentam entre essas duas impossibilidades. Nostalgia não é solução. Perceber a dimensão de nosso passado não significa que ela contém a chave para os nossos problemas. Ela pode até ser uma chave, mas não se encaixa em nada e está para nascer o mecânico que poderia dar a ela a forma exata.

Em nenhum outro lugar essa perda entre o passado e o futuro foi representada com tanta exatidão como no último tomo da trilogia de Agnon, intitulado *Hóspede por uma Noite*, cuja esplendorosa tradução desempenhou sem dúvida nenhuma um papel importantíssimo na decisão dada pelo Comitê do Prêmio Nobel. Enquanto *Ontem, Anteontem* surge nos anos anteriores à Primeira Guerra Mundial, temos neste caso uma crônica sobre uma visita que o narrador faz à sua cidade natal após vinte anos de ausência.

Entre os trabalhos melancólicos presentes em grande parte na obra de Agnon, esse aqui é de longe o mais melancólico. O texto em hebraico foi publicado em 1939, dois anos antes da matança de judeus alemães, o qual também aniquila fisicamente a sociedade retratada neste livro. O objeto deste livro é a queda de uma cidade judia, antes de a mesma ficar submersa em sangue. O narrador está de visita, vindo de Israel. O fato de ele ter ido atrás da mensagem para uma nova vida e ter abandonado sua cidade natal foi, em sua época, uma marca da vida judaica em seus aspectos positivos. Pois a batalha e a polêmica naquela época tinham um endereço e sentido. A vida, porém, em sua cidade é entediante, vazia e miserável. Ele cai num estado de resignação e ressentimento e a própria promessa do sionismo acaba tornando-se incerta.

Estamos no ano de 1930 e o narrador mesmo teria sofrido durante os tumultos provocados pelos árabes em 1929. O objetivo real do seu livro não fica bem claro. Na verdade ele ali está "apenas como um convidado para o jantar", embora ele acabe ficando por quase um ano. A imagem de sua cidade nunca o tinha abandonado de verdade e, durante um intervalo de sua vida no novo país, ele pretende rever a cidade na qual guardava tantas coisas de suas raízes. No entanto, ele não consegue mais achar aquilo que veio procurar. Ao invés disso, em meio ao pavor da ruína e naufrágio, ele só encontra o horror que, por não saber ainda nada sobre a matança, que chegava à sua reta final, nem por isso é menos negro. O narrador é tomado durante sua chegada por uma imagem viva que se parecia com aquela de sua juventude.

A completa incompatibilidade da antiga e da nova experiência, da vida em sua plenitude e da vida em sua mais total destruição constitui o verdadeiro cerne do romance. A lembrança do passado se embrenhava em cada passo com a experiência do presente do visitante. A triste realidade de sua cidade vai ao seu encontro, mas ele procura construir uma continuidade com um passado, ali presente para sempre. Se os esforços de Kummer fracassaram em Jerusalém o mesmo e muito mais pode-se dizer da visita do narrador à sua cidade natal. Aqui ele começa sua vida, cujo caráter totalmente ilusório e sem perspectivas torna-se evidentemente irônico durante a narrativa.

O livro está todo impregnado, desde o início até o fim, de ironia. No centro de sua nostalgia está a antiga escola, cuja chave os alunos lhe entregam com um ar sarcástico, já que eles mesmos se dispõem a ir pelo mundo afora, provavelmente para a América. Os únicos que ele consegue trazer para lá, para encher a escola novamente, são aqueles que são muito pobres para esquentar suas próprias casas durante o longo inverno. Assim eles se dirigem para a antiga escola a fim de se esquentarem por lá, ficando às custas do narrador as despesas com o aquecimento. A chave da antiga escola fica perdida, com uma certa intenção simbólica, e o narrador acaba tendo que mandar fazer outra, que ele por fim entrega durante a viagem de partida a um comunista que há dez anos atrás havia ido até a Palestina como um sionista ferrenho e feito todos os sacrifícios e sofrido todas as desilusões, até que acaba desistindo e retorna para sua cidade natal.

Na polêmica com o sionismo, o lado "do débito" da questão tinha encontrado nele seu porta-voz.

Onde, afinal, está esse lado do débito segundo Agnon? Ele é o predomínio das frases vazias e da oratória empolada, desprovida de qualquer ação verdadeira que demonstra o seu valor de verdade e que é derramada com sarcasmo em tantos escritos de Agnon sobre os judeus de nosso tempo. Assim é a nova chave da antiga escola, que Agnon entrega ao ex-sionista, que agora tornara-se comunista, ele próprio um símbolo irônico. Não é de se admirar que a antiga chave perdida apareça agora – de forma um tanto surpreendente, ou talvez não tão surpreendente assim? – na bagagem do próprio narrador durante o regresso para Jerusalém. Ao contrário do que acontece em *Ontem, Anteontem*, existe uma chave, mas que não serve em nenhum lugar no novo país. Na verdade, aqui ressoa, ainda que suavemente, uma velada alusão à reconstrução messiânica e à integração que aparecem nas antigas palavras do Talmude: "Até mesmo as escolas e sinagogas serão um dia transplantadas no exílio para o país de Israel".

O empenho do narrador em construir uma relação autêntica e viva com as pessoas de sua cidade, sobretudo com aquelas que ele conheceu desde a sua juventude, é em vão. Isso reside no fato de que na cidade não existe mais uma realidade autêntica e a vida ali adquire uma coloração de certo modo aterradora. Mas existe ainda um outro fator no caso deste fracasso: surpreendentemente é o próprio sentido do narrador por uma restauração do passado. Na verdade, ele chega como um visitante vindo da região da nova vida, mas não traz consigo nenhuma mensagem que poderia ser eficaz. Não somente os homens que ele encontra são pesados e melancólicos, mas ele próprio é contaminado por essa atmosfera. Ele faz uma rápida amizade com um grupo de jovens pioneiros que se preparam, em uma aldeia vizinha, para o trabalho agrícola na Palestina, mas sua visita a eles permanece um episódio romântico. O emudecimento, a incapacidade para reagir da maioria dos outros que ele encontra o atrai mais fortemente e seu coração grita por eles. Assim desdobra-se uma imagem do judaísmo polonês em uma pequena cidade nas vésperas da catástrofe, que está escrita com grande simpatia como também com sinceridade total. Num determinado trecho, o narrador diz: "Quando eu era jovem eu podia ver espiritualmente tudo o que quisesse: agora eu não vejo o que quero ver nem aquilo mesmo que me é mostrado". O que na verdade ele via? É disso que o livro trata.

Esses são alguns dos pontos altos das obras de Agnon, antes de ele ter tido consciência das proporções do golpe, que significou a destruição da juventude européia. A parte principal de sua obra posterior ainda não se encontra reunida, mas está espalhada por todas as revistas e jornais possíveis, e até muito deles ainda sem estar publicados.

Gostaria de ressaltar apenas duas tendências que se mostram dignas de nota em muitos destes escritos posteriores.

Neste caso devemos, em primeiro lugar, distinguir a pressão imponente, precisamente os aspectos rituais da vida judia que antigamente ele concebia naturalmente. Agora podemos perceber quase um esforço doentio em manter cada detalhe do ritual, que raramente se mostra útil à evolução da narração. Apesar do espetacular aperfeiçoamento da língua, muita coisa ainda existe para ser feita nestes escritos, antes mais para o amante do folclore e do estilo hebraico de peso do que para o leitor de narrativas. No nosso caso, fazemos uma tentativa quase histérica de conservar para a posteridade as formas de uma vida fadada ao desaparecimento. Este é um espetáculo de certo modo triste, pois se olha para a intenção e vem o desgosto.

A segunda tendência que se observa está vinculada a uma extensão notável do olhar retrospectivo de Agnon. Ele não conta mais histórias a partir das últimas quatro ou cinco gerações, mas muito mais para trás. Provavelmente ele pretende editar antigos documentos de família de seus antepassados, nos quais são tratados episódios significativos da história judaica dos últimos 400 anos. Ou então começa a contar a história de sua própria alma em suas andanças desde os sete dias da criação, uma autobiografia extremamente peculiar. Aqui, ele estava por toda a parte em todas as fases da história bíblica e pós-bíblica e faz um relatório de testemunhas oculares, partindo de um profundo sentimento de identificação com o povo judeu, sobre todos os processos no decorrer dos séculos que em geral acorrentam seu espírito. Esta autobiografia meta-histórica se encontra no livro intitulado *Escabelo e Trono* sobre o qual foram publicados nos últimos anos extensos fragmentos.

Enquanto falarem sobre seus antigos escritos, que neles jamais se realiza uma identificação do autor com o narrador, esta tensão então, que resultou da ação de não se identificar totalmente, se perde no caminho. O elemento verdadeiramente romanesco também desaparece e a narrativa não vai além de uma crônica daquilo que contraria o próprio autor. Trata-se não mais de um desdobramento de um relato, mas sim do estar ao lado não dialético dos acontecimentos, onde cada qual é narrado, sob seu próprio título, em um trecho especial.

Parece ser um livro extremamente peculiar, sem que eu me permita dar um veredito sobre sua posição enquanto obra literária antes de todos os seus escritos serem publicados. A postura dialética do autor frente às suas próprias experiências e frente à tradição que emprestou aos seus outros escritos, sua marca extraordinária, é aqui abandonada e isto, eu quase diria, é extremamente lamentável. Pois se eu tiver que resumir com uma palavra o que considero o cerne do gênio de Agnon, diria o seguinte: *É a dialética do simples.*

8. A CONCEPÇÃO DE MARTIN BUBER DO JUDAÍSMO

I

Em uma conferência, cujo tema central é "Criação e Formação", não conheceria meio melhor para introduzir este problema difícil para instrumentá-lo como um grande fenômeno do mundo espiritual, do que refletir sobre a figura e a obra de Martin Buber, que nos deixou em 1965, já bastante idoso, e que, durante toda a vida até a idade mais avançada, estava seriamente preocupado com a questão que aqui se coloca. E, além disso, não tratarei do elemento abstrato desta questão, como, por exemplo, aparecia nos escritos de Buber sobre filosofia, sociologia e pedagogia, mas com o que mais o impulsionou durante quase setenta anos: a saber, sua concepção do judaísmo.

Outro conferencista poderia talvez elaborar esta concepção sem entrar na personalidade e biografia intelectual de Buber. Confesso que eu não posso. Buber, que colocou tamanha ênfase nos aspectos inequivocamente pessoais das relações da vida espiritual, somente poderia ser considerado sem a inclusão deste elemento pessoal a um custo muito elevado. Sua realização e o aspecto problemático a ela inerente estão inextricavelmente vinculados à sua vida e às decisões desta vida. Cumpre-me aqui, a mim que ao longo de um período de cinqüenta anos, desde meu tempo de estudante até sua morte, permaneci com ele em contato intenso, eventual e alternadamente, externar meus agradecimentos, embora não isentos de crítica, a Buber, que tanto representou para minha geração em termos de desafio e reflexão, mesmo nos tempos em que se tornou opaco, questionável ou inaceitável.

A ninguém que tenha conhecido Buber poderia escapar a forte irradiação que dele emanava e que tornava a discussão com ele duplamente apaixonante. Discutir com Buber significava alternar entre admiração e rejeição, entre a disposição de ouvir sua mensagem e o desapontamento com sua realização. Quando o conheci, ele se encontrava no auge da influência sobre a juventude judaica nos círculos de idioma alemão, durante os anos da Primeira Guerra Mundial e anos posteriores, quando suas palavras atingiam e impulsionavam grande audiência. Buber *buscou* esta influência, assim como com outro grupo de jovens (a liga dos "camaradas") nos anos diretamente precedentes a Hitler e com a irrupção do nacional-socialismo.

Foi uma das mais amargas experiências de Buber o fato de que, em ambos os casos, este encontro com a juventude judaica, que estava prestes a partir e esperava que Buber a acompanhasse, terminou em profundo estranhamento.

Certamente, também se poderia dizer que foi uma das mais amargas experiências desta juventude, pois Buber não extraiu as conseqüências esperadas desta mensagem. Buber, um homem bastante multifacetado e complicado, havia convocado esta juventude para ir à

Terra de Israel e, a partir de um impulso criativo, tomar parte na formação da nova vida que iria ali se desenvolver. Eles nunca lhe perdoaram por não ter ido com eles quando chegou a hora. Não entendiam como o homem que por tantos anos e com tamanha eloqüência diagnosticara e combatera a "doença, distorção e tirania" de um judaísmo desfigurado no exílio não estava em seu meio quando o que importava durante o torvelinho que se seguiu à Primeira Guerra era extrair conseqüências vitais desta mensagem.

Buber, cujas conversas, discursos e sermões se centravam na palavra *realização*, recusou aceitar a última – ou assim parecia aos desapontados. Da perspectiva de Buber as coisas pareciam diferentes: ele havia tomado uma decisão pessoal diferente, escolhido um meio diferente de realização.

Aqui, toquei num ponto delicado, para não dizer trágico, da manifestação e influência de Buber, ligado a um fato que chamou a atenção de todos que escreveram sobre Buber nos últimos anos, sem que eles próprios pudessem esclarecê-lo: a quase total falta de influência de Buber no mundo judaico, que contrasta estranhamente com seu reconhecimento pelos não-judeus. É notável que Gustav Landauer, um dos poucos amigos íntimos de Buber, tenha visto este ponto de modo bastante positivo, já no ano de 1913, quando Buber tinha 35 anos. Dele deriva a frase profética que já se podia constatar, mas que se tornaria ainda mais evidente, de que Buber era o "apóstolo de judaísmo para a humanidade".

Ao mesmo tempo, Landauer nele vislumbrava um "revelador e partidário de um pensamento especificamente feminino sem o qual a nossa cultura arruinada e decaída não terá nenhuma renovação ou rejuvenescimento"[1]. Nestas assertivas de incomparável precisão já se exprimem, numa esplêndida e positiva formulação, a tensão dialética e o fator de crítica que são inseparáveis

---

1. Gustav Landauer na "Edição sobre Buber" da revista *Neue Blätter*, Hellerau, 1913, p. 96.

de uma verdadeira introspecção acerca das realizações de Buber. Pois o apóstolo de Israel falava uma linguagem que era bem mais compreensível a qualquer outro do que aos próprios judeus, e sua tragédia baseia-se no seu apostolado, talvez mesmo no enorme sucesso em seu tempo.

Na mesma época, um outro homem de considerável inteligência, Frederik van Eeden, disse sobre Buber:

> Se as circunstâncias assim o determinassem, Buber poderia, então, ter-se tornado professor de seu povo, um dos herdeiros das tradições de Moisés e Elias. Então, sua vida teria passado despercebida e obscura em qualquer templo, ou em qualquer aldeia cristã. Agora, ao invés, ele recebeu um chamado para outra tarefa, a de espalhar o conhecimento do espírito extático de seu povo entre outros. Ele teve de trilhar o caminho da publicidade e da fama.

Permanece uma questão séria e legítima: por que Buber, um dos mais eloqüentes e poderosos retóricos do judaísmo, teria fracassado em alcançar o ouvido dos judeus? O fator pessoal que tive ocasião de mencionar acima e sobre o qual a literatura acerca de Buber, na maioria das vezes, silencia constitui apenas *um* – importante com certeza – elemento de compreensão da situação. Foi ultrapassado em significado por outro elemento factual, sobre o qual terei de me deter pormenorizadamente: Buber buscou a transformação criativa do judaísmo; buscou *aqueles* momentos na sua história e em seu passado, em que o elemento criativo rompe com as formas e busca nova conformação, e, com esta ênfase, abstraía extensivamente das formas históricas dados do judaísmo. Desde o momento em que, jovem de 21 anos, se aliou ao movimento sionista até o fim de seus dias, aguçou infatigavelmente, preservou e desenvolveu seu sentido para a transformação criativa do fenômeno que estava mais próximo do coração.

O elemento provocativo de sua concepção do judaísmo e de sua história, que será objeto aqui de análise e interpretação, era inegável e Buber, a quem não se pode negar autoconsciência e coragem, estava disposto a pagar o preço desta reinterpretação, desta nova visão. Desde o início, ele colocou-se enfaticamente entre os heréticos do judaísmo, não entre os representantes do que chamava em seus escritos iniciais de "judaísmo oficial", em oposição a "subterrâneo". O paradoxo de sua aparição e fama no grande mundo, apoiado por uma *œuvre* significativa, consistia no fato de que o mundo considerava justamente esse indivíduo como o grande representante do judaísmo em nosso tempo: este homem que chegava a negar possuir um ensinamento que pudesse ser transmitido – de fato, geralmente quando aparecia por um tempo considerável na qualidade de professor, não se lhe atribuía sucesso –, que, com total radicalismo, se afastava das instituições judaicas quanto ao culto, e que ninguém vira em uma sinagoga durante os quase trinta anos que viveu em Israel. Vistas a distância e, talvez, reforçadas graças às suas extraordinárias capacidades estilísticas, as características que o vinculavam ao grande fenômeno histórico do judaísmo emergiram mais fortes do que para quem assumia uma posição perante Buber da perspectiva de uma proximidade concreta com o judaísmo e sua tradição.

Nos sessenta anos até 1965, quando terminou a coletânea de escritos, a concepção de Buber do judaísmo alterou-se bastante, especialmente se compararmos o período inicial até 1923 com o posterior; no entanto, ela deve ser compreendida por meio do princípio central que ele próprio, progressivamente, procura interpretar: do que é vivo e criativo neste fenômeno e da vontade de transformá-lo em palavras. Neste último ponto, com certeza, reside a razão da grande dificuldade em analisar as concepções de Buber, a dificuldade que sempre impediu a discussão com ele. Sua linguagem é infinitamente colorida, poética, rica em imagens, sugestiva e, ao mesmo tempo, de uma vagueza e impenetrabilidade singular. A falta de objetividade em muitos de seus escritos e a inclinação para o abstrato, que, como filósofo do concreto, ele reiterada e apaixonadamente negava, encontravam-se – para falar como Gustav Landauer – "em ligação indissolúvel com seu amor por uma expressão sensível e sua preferência por esta a uma terminologia precisa e logicamente determinada". O leitor está sempre consciente de que qualquer tradução em outras palavras corre o perigo de ser denunciada por Buber como um mal-entendido, e esta era de fato a resposta reiterada a seus críticos que queriam sugerir conceitos a suas metáforas poéticas. Contudo, era extraordinária a capacidade de Buber de captar matizes do inexprimível em palavras, mesmo que isto tornasse seus escritos quase intraduzíveis, pois, no caso de tradução, o escorregadio e o indefinido deveriam dar lugar a uma decisão para um conteúdo de sentido definido.

II

Permitam-nos retratar a origem de Buber e seu ponto de partida. Buber, que era judeu polonês e como tal se identificou até o final de sua vida, recebeu uma educação na qual se misturavam uma estrita tradição judaica e o iluminismo alemão. Ele foi educado em várias línguas, como hebraico, alemão, ídiche e polonês (um grande número de seus primeiros trabalhos foi escrito em polonês). Aqui, o judaísmo encontrou-o como uma forma histórica. Para a maioria de seus contemporâneos, o judaísmo era um fenômeno historicamente circunscrito, no qual impulsos e aspirações *capazes de formulação* atualizaram-se, uma continuidade histórica na qual a vida de um povo se forjou graças a certas idéias decisivas: o monoteísmo, a lei e a exortação profética à justiça, a teologia centrada nos conceitos de criação, rebelação e redenção. Quando jovem, rompeu com as instituições desta tradição a que jamais retornaria. Durante anos, embebeu-se na atmosfera do *fin-de-siècle* europeu. A atmosfera de Viena e o *Jugendstil* ganharam com sucesso a competição com a herança tão completamente diferente da casa do avô. Nesta confusão, o encontro com o movimento sionista, que surgia naquela época, tornou-se decisivo, este último arrebatando Buber como estudante de vinte anos e determinando-lhe a vida e o pensamento em metamorfoses múltiplas.

Qual o significado das máximas do sionismo para um jovem judeu moderno daqueles anos? Eu formularia este significado em três pontos que se tornaram decisivos para a posição de Buber: 1) a consciência da crise mortal que atingia a tradição rabínica do judaísmo, do sem-sentido e irrelevância de uma religião que se tornou petrificada em instituições sociais; 2) a consciência de uma identidade e lealdade judaica, de uma vida que se desenvolve além destas instituições, na qual o judeu se sente em casa e se enraíza e que pode pretender algo dele; 3) a Utopia de um futuro vivo e de um renascimento deste povo em sua terra, completada com uma metamorfose criativa da forma antiga, mas também, talvez, com um novo começo revolucionário.

A hesitação entre estes dois pólos tornou incertas as feições do movimento sionista, e não apenas para Buber. Em todo caso, pode-se dizer que o "sim" e o "não" do sionismo ao presente e futuro dos judeus e do judaísmo resolveram-se nestes três pontos. Eles forjaram a reflexão inicial de Buber sobre o assunto. Sua atitude, embora articulada desde o início, não se baseava em uma concepção teórica que havia examinado a fundo, mas, sim, em um sentimento exaltado de um jovem romântico e revolucionário que buscava o renascimento de seu povo, que havia decaído e se tornara irreal no exílio e, portanto, buscava meios de fundamentar a nostalgia de um "novo judaísmo", uma "modernidade judaica" ou uma "renascença judaica".

Buber pertencia à geração que, por volta de 1900, foi profundamente influenciada por Nietzsche e suas máximas. O discurso de Nietzsche acerca dos "criadores" permeia todos os escritos iniciais. O criativo em oposição ao improdutivo e que deve perseverar no correr do tempo será novamente trazido à prova do judaísmo. Em 1901, Buber escreve:

> Criar! O sionista que sente o sagrado desta palavra e vive para ela parece-me [em contraste a outros tipos de sionistas, do qual ele se afasta] encontrar-se no seu nível mais alto. Criar novas obras, do fundo da individualidade primeira de cada um, da força única e incomparável do seu sangue, que, lamentavelmente, por tanto tempo permaneceu preso nas cadeias da improdutividade... isto é um ideal para o povo judeu. Criar os momentos de sua essência! Deixar que a índole de cada um irrompa em nova forma instintiva de vida! Colocar uma nova forma, uma nova configuração de possibilidades diante dos olhos do infinito! Deixar uma nova beleza crescer, deixar uma nova estrela ascender na noite do céu encantado das eternidades! Primeiramente, contudo, penetrar dentro de si, com mãos sangrando e coração destemido, lutar contra a própria essência a partir da qual todas estas maravilhas emergirão. Descobrir-se a si mesmo! Encontrar-se! Lutar por si mesmo![2]

Esta ruptura do judeu consigo mesmo reaparece, se bem que em formas menos românticas, como um lema em todos os escritos de Buber, Em 1919, ele escreve:

> Num auto-exame, reconhecemos que nós judeus somos todos apóstatas, não porque a vida e a alma de outros povos tenham penetrado em nossa paisagem, linguagem e cultura; se a nossa própria paisagem, nossa própria linguagem e nossa própria cultura nos fossem dadas novamente, não recuperaríamos o judaísmo íntimo do qual nos tornamos infiéis. Nem porque muitos de nós renunciamos às normas da tradição judaica e às formas de vida por ela prescrita; aqueles que as preservaram sem violação com todos os Sim e Não não preservaram mais o judaísmo íntimo do que outros. Toda esta assim chamada assimilação é superficial, comparada à apropriação fatal a que me refiro: a apropriação do dualismo ocidental, que sanciona a cisão do ser humano em duas esferas, cada qual existindo por direito próprio e independente da outra, a apropriação da mentalidade que pensa em termos de *contrato*[3].

Aqui existe então um "judaísmo interno" que deve ser ressuscitado, mas que ele encontra expresso nos do-

---

2. Buber, *Die Jüdische Bewegung*, 1. ed., 1916, p. 42, 1963, p. 89.
3. Buber, *Der Jude und sein Judentum*, Köln, 1963, p. 89.

cumentos do "judaísmo clássico". O que Buber entendia por isto, teremos ainda de investigar.

Há um "judaísmo genuíno"[4], que se opõe ao espúrio. E daí se origina o discurso do "judaísmo primordial" que permeia os *Drei Reden über das Judentum* (1911) (*Três Discursos sobre o Judaísmo*), tão influente no seu tempo, um judaísmo primordial que supera todas as formas e normas que valem como judaicas. Este discurso sobre o primordialmente judaico, cuja definição preocupava Buber, aparece novamente em seus últimos discursos sobre o judaísmo que apareceram em 1952, sob o título *An der Wende* (*Na Virada*). O impulso básico a eles subjacente era crítico: a rejeição de todo o fenômeno histórico formulável do judaísmo em configurações fixas. O tema do jovem Buber era e, basicamente, permaneceu: "Não as formas, mas as forças"[5]. A demolição das formas, a desconfiança de toda estrutura e formação que se haviam tornado históricas, transformam-se num índice de algo positivo. Eram estas forças disformes que atraíam o revolucionário e romântico Buber. São as forças que, no judaísmo histórico, "jamais atingiram o poder, que em todo o tempo foram oprimidas pelo judaísmo oficial, isto é, pela impotência que dominou em todos os tempos" e sem a qual "nenhuma renovação do povo judeu pode ocorrer". O jovem Buber desenvolveu grande aversão à Lei, à Halakhá em todas as suas formas. Ele não apenas deixa de reconhecer-lhe uma legítima posição no judaísmo genuíno ou primordial, mas, nos tempos iniciais e apaixonados de romântico, nela vislumbra um poder hostil à vida, que se deve combater ou, pelo menos, desertar.

O jovem Buber, em quem os motivos religiosos e estéticos são, pelo menos, igualmente fortes, é infatigável na polêmica contra a Lei. Ele era da opinião de que, antes da era da Emancipação,

---

4. *Idem*, p. 91.
5. *Idem*, p. 77.

a força do judaísmo não era apenas oprimida de fora, por terror e tortura... pela servidão aos povos "hospedeiros", mas também de dentro, pelo despotismo da "Lei", isto é, por uma tradição religiosa mal compreendida, distorcida e desfigurada, pela coação de um sistema duro, imóvel e estranho à realidade de obrigações, que acusa de heresia e aniquila tudo o que era instintivamente claro e alegre, tudo o que era ávido de beleza e sublime deslocava o sentimento e prendia os pensamentos em correntes. E a lei obteve um poder que nenhuma lei jamais possuiu entre um povo em qualquer época... Não havia nenhuma ação pessoal nascida do sentimento: apenas uma ação segundo a lei poderia existir. Não havia nenhum pensamento independente nem criativo: apenas o debruçar sobre os livros da lei e os milhões de livros interpretando os livros de interpretação poderiam expressá-lo. Sempre houve, certamente, heréticos; mas o que podia o herege contra a lei?[6]

O rigor da Halakhá e da dialética rabínica causa indignação no romântico e artista Buber, cujas simpatias se dirigem a todas as expressões de um embate de forças vitais não determinadas pela Lei.

Quando Buber fala do renascimento do judaísmo, como fazia freqüentemente, isto não significava "um retorno às antigas tradições de sentimentos emancipadas no povo e à sua expressão em linguagem, costumes e pensamentos"[7]. Pelo contrário, este discurso significava a liberação de uma "espiritualidade não-liberta e da coação de uma tradição desprovida de significado... Somente lutando contra essas forças poderá o povo judeu renascer".

Naquele tempo, a atitude de Buber para com a Halakhá vinculava-se, ainda, a outro ponto, a saber, a negação do exílio e da diáspora como legítima forma judaica de vida e, ao menos, a contínua identificação da Halakhá com tudo o que ele rejeita acerca do exílio – a "escravidão da economia não-produtiva" e o "desterro com olhos profundos" – como improdutivo e estéril. A negação do que era o judaísmo no exílio e a atualização de "energias latentes" e características que, desde os tempos bíblicos,

---

6. *Idem*, p. 272.
7. *Die Jüdische Bewegung*, p. 11.

"emudeceram com os tormentos da diáspora" estão próximas a seu coração. As velhas características devem-se "apresentar à nossa vida moderna na forma desta. Aqui, também, nenhum retorno; um novo início que provém de um material antiqüíssimo"[8].

Aqui, algo surpreendente aparece, do qual, nesta forma, Buber abriu mão trinta anos mais tarde, sem, contudo, ter perdido o significado para a sua concepção do judaísmo. Naquele tempo, talvez sob a forte influência do escritor hebraico Mica Iossef Berdyczewski, Buber encontrava-se entre os que viam a salvação num salto sobre o período de exílio e na negação de sua produtividade e entre os que a exigência ou expectativa de uma união aos tempos bíblicos constituía um lema. Aqui, como de costume, a utopia revolucionária exprime-se por um apelo a algo bastante arcaico, a um tempo primordial arcaico. Esta tendência, que, desde o início, concorria e conflitava com as tendências restauradoras dos elementos conservadores do movimento sionista, pertence, ainda hoje, na vida ressurgida de Israel, a um dos seus mais importantes fatores.

Para Buber, a interpretação de um grande (e, parece-me, extremamente problemático e, na realidade, impossível) salto assim se apresenta; o sentimento de vida indivisível e inquebrantável dos judeus deveria ser novamente entronizado em uma revolta contra a "pura espiritualidade", que deveria somente valer como o ideal supremo no exílio. Buber reconhece a espiritualidade judaica como um "fato enorme, talvez o mais marcante da grande patologia do povo judeu"[9], cuja transformação em algo sem disfarce criativo é o grande desafio que, para ele, coincide com o lema "renascimento do judaísmo". Esta pretensão de um salto refere-se, certamente, à liberação de forças criativas do povo judeu, não à iden-

---

8. *Idem*, pp. 12-13.
9. *Idem*, p. 84.

tificação, sempre avaliada positivamente por Buber, do judeu com sua tragédia histórica.

> Quem recebe o judaísmo em sua vida a fim de vivenciá-lo amplia o próprio martírio e o martírio de centenas de gerações do seu povo, vincula a história de sua vida à história de inúmeros corpos que já sofreram. Eleva o tom, o significado e o valor de sua existência. Ele cria para si novas possibilidades e formas de vida. Fontes mágicas abrem-se à sua criatividade e os elementos do futuro são colocados em suas mãos[10].

O *pathos* juvenil destas sentenças tornou-se posteriormente estranho ao velho Buber, mas a visão intuitiva a elas subjacente permaneceu a mesma. Mesmo os escritos mais recentes de Buber possuem algo desta teoria do salto, embora ele tenha no meio tempo realizado descobertas que necessariamente levam a uma completa transformação da imagem desconsolada e negativa do judaísmo no exílio. Mesmo a descoberta do hassidismo efetua-se, desde o início, como a de um fenômeno que representa uma retomada da era bíblica, "a época clássica do judaísmo", uma renovação, não uma mera repetição do primordialmente judaico[11]. Seus escritos posteriores sobre a Bíblia também contêm muitos tons deste tipo, que ressoam silenciosamente, embora fortemente enfatizados por Buber em conversas pessoais.

A mais penetrante formulação destas visões por Buber, em seu período inicial, pode ser encontrada num discurso que ele proferiu de improviso em 1912 durante uma discussão e que se intitula *Das Gestaltende* (*O Formativo*). Aqui, ele explica o judaísmo como o peculiar "caso especial em processo eterno, peculiarmente predeterminado" que em cada homem individualmente se realiza, mas também na vida de cada comunidade histórica. Em todos os lugares, dois princípios atuam: o informe e o formativo, a matéria indiferenciada que se su-

10. *Idem*, p. 74.
11. *Idem*, p. 100.

jeita ao ato criador e (como ele afirma, usando um conceito dos escritos de Paracelso) o *archeus*, que procura conformá-la em uma vida espiritual, mas que não tem sucesso em sua vida. Na comunidade de homens o que foi conformado (*das Geformte*) jamais permanece uma pura forma (*Gestalt*) e sempre irrompe o informe (*Gestaltlose*), destruindo a forma (*Form*).

O que outrora foi criado como uma vitória do formativo sobre o informe, a estrutura da comunidade, a norma e a ordem, a instituição, toda a criação do espírito, fica, durante o tempo todo, exposto à influência desfigurante do informe e, sob ele, torna-se rígido, mudo e sem sentido e, no entanto, não quer morrer, mas persiste em sua rigidez, mudez e falta de sentido, pois é preservado com vida graças ao poder do princípio oposto. Assim, formação é transformação e assim a batalha de formação é um processo que sempre recomeça. Aquele que dá forma [*Der Gestaltende*][12] conduz a batalha não contra o informe, mas contra os monstruosos aliados deste, contra o reino da forma em decomposição[13].

Buber opõe-se a tentativas de encontrar "a essência do judaísmo" em definições puramente qualitativas. Ao invés disso, o processo aqui descrito só ocorre no judaísmo "de modo mais puro, forte e claro do que em qualquer outro grupo humano... Pois, como em cada judeu, assim no judaísmo está mais visível, do que em qualquer outra parte do mundo, uma luta entre o formativo e o informe". É esta visão de que o judaísmo mostra a polaridade que reside em cada ser humano, mas de maneira especialmente concentrada e elucidativa, que determina completamente o primeiro de seus *Discursos sobre o Judaísmo*. Aqui, a tendência inata do judeu para a unidade, que é a tendência para a forma, para superar a dualidade e que se abate sobre todas as coisas, foi designada e glorificada como a essência do judaico, como o primordialmente judaico. A partir desta perspectiva,

---

12. *Aquele que* dá forma, e não um erro tipográfico, como segue do contexto.
13. *Der Jude und sein Judentum*, p. 240.

Buber explicou o judaísmo monoteísta e o messianismo judaico. O próprio Deus da Bíblia.

> Surgiu de uma busca de unidade, de uma busca escura e apaixonada de unidade... Ele não foi rebelado pela natureza mas pelo sujeito. O homem o criou não a partir da realidade, mas a partir da nostalgia, pois ele não o *viu* na terra e no céu, mas o *construiu* para si como a unidade acima de sua própria dualidade, como a salvação acima de seu próprio sofrimento... A busca da unidade é o que fez o judeu criativo. Buscando a unidade, a unicidade a partir da dualidade do ego, ele criou a idéia do Único Deus. Buscando a unidade a partir da dualidade de tudo o que é vivo, criou a idéia do amor universal. Buscando a unidade a partir da dualidade do mundo, criou o ideal messiânico, que em tempos posteriores, novamente com a colaboração principal de um judeu, diminuiu e se tornou finito, sendo chamado de socialismo[14].

Segundo Buber, isto era válido para os judeus da Antiguidade e deveria tornar-se também verdadeiro para os judeus da renascença judaica, os quais conclamou em seus *Discursos sobre o Judaísmo*. No meio tempo, surgiu o mundo da *Galut*, exílio que trouxe profunda doença social ao judaísmo.

> Pois o contraste e o conflito entre o formativo e o informe foi, por mais terrível que isto possa parecer, a *saúde* do judaísmo. Sua doença na *Galut* consiste na impotência e no estranhamento daqueles que podem dar forma. Ocorreu que o eterno processo do judaísmo não poderia mais atingir produtividade... e a dimensão do espírito formativo foi expulsa pelo reino da forma em decomposição... O destino do judaísmo não pode mudar antes de se restabelecer o conflito em sua antiga pureza, antes de recomeçar a batalha frutífera entre o formativo e o informe[15].

Pertenço aos que, na juventude, quando estes discursos apareceram, foram profundamente tocados e que – o que aconteceu com o próprio autor – só podem ler estas páginas com um sentimento de profundo estranhamento. Eles não possuem mais nada de convincente

14. *Idem*, p. 244.
15. *Idem, ibidem*.

para nossa consciência histórica; sua psicologia não mais nos convence e a conexão entre psicologia e teologia parece-nos retórica. A distinção entre um judaísmo oficial, apresentado como um reino da forma em decomposição, e um subterrâneo, no qual murmuram as verdadeiras fontes, era inocente e não poderia suportar o escrutínio da observação histórica. Buber, posteriormente, desaprovou esta distinção. E, no entanto, destas palavras transpiram, ao seu tempo, considerável mágoa. Eu seria incapaz de mencionar qualquer outro livro sobre o judaísmo daqueles anos que tivesse tido, mesmo que aproximadamente, semelhante efeito – não entre os homens de erudição, que raramente liam esses discursos, mas entre uma juventude que aqui era exortada a uma nova partida, sendo que muitos jovens levaram tudo tão a sério a ponto de assim proceder.

Precisamente os conceitos que nestes discursos foram, em especial, influentes não são retomados em escritos posteriores de Buber, ou o foram apenas numa forma mudada. Entre estes, antes de tudo, existe a distinção, baseada num uso lingüístico disseminado na época, entre religião e religiosidade, por meio da qual Buber poderia dar expressão à sua aversão pela lei como expressão da religião judaica e sua defesa das forças verdadeiramente formativas. Renascimento do judaísmo, sempre um conceito revolucionário e não evolucionário para Buber, significou para ele "renovação da religiosidade judaica". Ele explica isto como segue:

> Religiosidade é o sentimento do homem, sempre renovado, sempre se exprimindo e se formando de novo, surpreso e em veneração, que existe acima da existência condicionada, no entanto, irrompendo no seu interior algo Incondicional; é a pretensão de instituir uma comunhão viva com o último, a vontade de realizar isto por sua ação e instalá-la no mundo humano. Religião é a soma dos costumes e doutrinas nos quais a religiosidade de dada época de um povo se expressou e se moldou... A religião é verdadeira tanto quanto é frutífera; mas isto perdura enquanto a religiosidade, quando assume o jugo dos mandamentos e artigos de fé, é capaz – freqüentemente sem conhecimento – de impregnar e transformá-los muito intimamente com um novo

significado florescente, de modo que apareçam a cada geração como se tivessem sido revelados a ela pessoalmente naquele mesmo dia para cumprir seus próprios desejos, estranhos aos pais. Se, contudo, os ritos e os dogmas da religião se tornaram tão rígidos de modo que a religiosidade seja incapaz de movê-los, não mais querendo submeter-se a eles, então, a religião torna-se infrutífera e, assim, não-verdadeira. Assim, a religiosidade é o criativo e a religião, o princípio organizador; a religiosidade começa de novo com cada jovem profundamente tocado pelo mistério; a religião quer forçá-lo para dentro de sua estrutura, estabilizá-lo agora e sempre. Religiosidade significa atividade – colocar-se em uma relação elementar com o absoluto – religião significa passividade – tomar para si os mandamentos tradicionais. A religiosidade só tem seu objetivo; a religião tem fins; devido à religiosidade, os filhos rebelam-se contra os pais, a fim de encontrar seu Deus; devido à religião, os pais amaldiçoam os filhos por não aceitarem a inspiração de seu Deus. Religião significa preservação; religiosidade significa renovação[16].

Não é difícil ver que, na primeira metade desta citação, tão característica de sua concepção de judaísmo, não importando a terminologia por ele usada, Buber coloca o dedo num fato de maior significado para a compreensão da história da religião. É igualmente claro que, nas sentenças finais, escorrega para uma retórica patética que suscita antíteses dúbias, o que é, certamente, uma das maiores fraquezas dos escritos de Buber em geral.

A preocupação de Buber neste período era, como afirmei, "resgatar a essência especial do judaísmo do entulho com o qual os rabis e o racionalismo o encobriram". Buber considerava o fundamento essencial da religiosidade judaica como sendo o "ato de decisão como a realização da liberdade divina e do absoluto na Terra", e, na concepção desta realização, encontrou três estratos, nos quais "o vir a ser deste judaísmo subterrâneo se anuncia... em oposição ao pseudojudaísmo oficial, que governa sem a nomeação e representa sem legitimidade"[17]. No primeiro, trata-se da realização de Deus por imitação no

---

16. *Idem*, pp. 66-67; as páginas seguintes também deveriam ser consultadas.
17. *Idem*, p. 69.

sentido da frase bíblica da "imagem de Deus do homem". Ela determina a exigência básica da Torá (Lev. 20:26): "Sede santos para mim porque eu sou santo". O segundo estrato trata da realização de Deus pela intensificação de sua realidade. Buber é da opinião que, quanto mais Deus se realiza por seres humanos no mundo, mais real ele é. Para este segundo estrato, e ainda mais para o terceiro, no qual a realização de Deus pelo homem se torna uma influência da ação humana no destino de Deus na Terra, Buber refere-se, essencialmente, a modos de pensamento cabalísticos. A base é sempre a concepção de que um infinito de coisas fluem para a ação humana, mas também que uma infinidade de coisas dela brota.

Aqui emerge a visão de Buber jamais abandonada, conquanto tenha sofrido inúmeras correções ao longo dos últimos cinqüenta anos. A verdade da relação do homem com Deus.

> Não um O Quê, mas um Como. Não é o conteúdo do ato que o torna verdadeiro, mas o fato de ele ocorrer na condicionalidade humana ou no absoluto divino. Não é a matéria do ato que determina [sua posição ou valor]... mas o poder de decisão que o faz emergir e a dedicação da intenção a ele inerente[18].

Os estágios históricos nos quais esta religiosidade judaica primeira se torna mais evidente são, segundo Buber, a profecia e muitos movimentos tendenciosamente distorcidos em nossa Bíblia, como o dos Rechabitas descritos no livro de Jeremias, assim como dos Essênios e o fenômeno primordialmente judaico de Jesus, cujo Sermão da Montanha Buber considera com grande ênfase "uma confissão judaica no sentido mais profundo"[19] e, finalmente, a Cabala e o hassidismo. Estes são os fenômenos que determinaram o desenvolvimento posterior da concepção de Buber do judaísmo e sua tentativa de maior esclarecimento.

18. *Idem*, pp. 71-72.
19. *Idem*, p. 38.

O judaísmo é aqui sempre uma batalha entre sacerdotes e profetas, entre os rabis e os heréticos que minam sua autoridade, entre a lei da Halakhá e a Hagadá popular e o mundo do misticismo. Com crescente discernimento, Buber desautorizou o radicalismo dessas antíteses que defendeu por vinte anos e, aqui e acolá, procurou fazer uma distribuição de ênfase mais justa.

Apesar disto, contudo, permanece decisivo o fato de que Buber, já naquela época, não considerava o judaísmo como algo estático, que permanecia diante de nós numa forma fixa, mas, pelo contrário, como fala freqüentemente, um "processo espiritual", que, de acordo com sua natureza histórica, permanece *inacabado*, no qual grandes idéias estão operando – menciona as da unidade, do ato e do futuro[20] – que, no entanto, exigem, recorrentemente, uma reformulação criativa do espírito dos tempos. Buber jamais abandonou esta linha e, nisto, diria eu, ele tinha razão.

III

Aqui é o lugar para tratar de dois elementos que assumiram significado insuperável na concepção de Buber, seja porque ele foi por eles arrebatado, vendendo-lhes a alma sem reservas e glorificando-os, seja porque ele procurou separar-se deles, fazendo-lhes reservas mais ou menos convincentes. Quero me referir ao papel do misticismo e do mito em Buber, portanto, aos dois elementos que no século XIX mais faltavam na consciência dos judeus emancipados ou, para formular com mais exatidão, que eram excluídos e repudiados por essa mesma consciência. Ninguém merece mais crédito por haver tornado novamente visíveis estes traços do judaísmo do que Buber, que não se aproximou deles com os métodos da ciência e da pesquisa histórica, sociologia e

---

20. *Idem*, pp. 33-43.

psicologia, mas com toda a paixão de um coração inundado por uma nova descoberta.

Havia algo de fascinante acerca da subjetividade e soberania imperturbáveis e autoconfiantes com que procedia neste caso. Ele seguia um compasso interno oculto, que o levava a lugares onde, na casa de tesouros do tempo, poderiam ser encontradas jóias desconhecidas que pareciam opacas ou não-autênticas a olhos não-preparados para elas. Ou, talvez para exprimir de modo mais claro: Buber era um grande ouvinte. Muitas vozes chegavam a ele, e, entre elas, vozes baixas que se haviam tornado completamente obscuras e incompreensíveis para a geração anterior à sua e cujo chamado o tocava profundamente. Na busca de um judaísmo vivo, que, como vimos, o sionismo havia nele despertado, ele penetrou nas fontes, retomando os estudos hebraicos da infância. Ele leu os textos agádicos editados por seu avô, Salomão Buber, o erudito do Midrasch[21], "primeiramente, sempre se sentindo repelido pela matéria obstinada, árdua e disforme, gradualmente superando o estranhamento e descobrindo o próprio ego, intervindo com grande devoção"[22]. Os primeiros frutos colhidos em sua leitura no caminho para as fontes podem ser encontrados nos velhos volumes do semanário *Die Welt*, o órgão central do sionismo, redigido por Buber e editado por Theodor Herzl. A partir deste ponto, ele voltou-se, em 1902 ou 1903, à literatura hassídica.

Certamente, Buber trouxe para esta leitura a inclinação para o misticismo que nele se manifestou quando estudante. Anos antes de ter entrado em contato com escritos hassídicos ou cabalísticos, já havia dado, em 1899, conferências sobre Jacob Boehme[23]. O misticismo

---

21. Os exemplares manuscritos das edições do Midrasch de Salomão Buber, conservados por Buber do legado literário deste, permaneceram, até o fim, atrás da escrivaninha de Buber.

22. Buber, *Mein Weg zum Chassidismus*, Viena, 1918, p. 18.

23. Hans Kohn, *Martin Buber, sein Werk und seine Zeit*, Colônia, 1961, p. 23.

alemão o havia atraído mesmo antes de ele ter buscado e conhecido o misticismo judaico. Como se depreende de seus escritos, o próprio Buber não era estranho a experiências místicas. De fato, elas encontram-se no centro de seu primeiro livro filosófico, que apareceu em 1913, com o título *Daniel, Gespräche von der Verwirklichung* e que culmina numa interpretação filosófica destas experiências. Assim a atenção intensa às vozes que lhe chegavam da literatura hassídica originou-se de um espírito afim, no qual estas vozes despertaram enorme eco. Para colocar de outra forma, Buber buscou o misticismo no judaísmo e, por isso, estava em condições de encontrá-lo, de percebê-lo, quando topou com ele. O que o tocava acerca do mundo hassídico era o misticismo e quando, posteriormente, procurou reinterpretar ou alterar-lhe o sentido à luz de seu desenvolvimento posterior, o que sempre restava – mesmo sob o manto de nova terminologia – era o misticismo.

A profunda impressão provocada pelos primeiros escritos de Buber sobre o misticismo, que apareceram há sessenta anos, evidentemente devia-se ao fato de que aqui um homem de grande cultura e sensibilidade procurava apontar uma dimensão viva no judaísmo, sobre a qual, até aquela época, pouco se falava entre os eruditos e cuja existência até se negara em função de um preconceito muito difundido. Quando, naquela época, Buber e seu amigo Berthold criaram o Jüdischen Verlag, em Berlim, como órgão da Resistência Judaica, não foi por acidente que sua primeira publicação de caráter não-literário ou artístico tenha sido um pequeno livro do Professor Salomão Schechter, *Die Chassidim, eine Studie über jüdische Mystik* (*Os Hassidim, um Estudo sobre o Misticismo Judaico*) (1904), no qual um erudito proveniente de um meio hassídico – que, certamente, se afastou bastante dele – procurou elaborar um primeiro quadro desse movimento. Os próprios esforços de Buber, contudo, de muito ultrapassavam esta realização. Ele não escreveu como observador, mas como alguém profundamente atingido. Por tudo isto, seu primeiro pronunciamento sobre o hassidismo existente em forma impressa (de 1903) ainda se caracteriza por uma objetividade não-patética e pode ser considerado válido ainda hoje:

> A visão hassídica da vida é desprovida de qualquer sentimentalismo; é um misticismo forte e ao mesmo tempo pleno de sentimentos profundos que traz o além completamente para dentro deste mundo e faz com que este seja conformado por aquele como o corpo pela alma: uma renovação completamente original, popular e calorosa do neoplatonismo e, ao mesmo tempo, um guia altamente realista e altamente repleto de Deus para o êxtase. É a doutrina do sentimento ativo como liame entre o homem e Deus. A criatividade dura eternamente; a criação continua hoje em dia e para todo o sempre e o homem participa da criação em poder e amor. Tudo o que provém de um coração puro é serviço divino. A meta da lei é que o homem se torne sua própria lei. Assim, rompe-se a dominação do despotismo. No entanto, os fundadores do hassidismo não eram negadores. Não negaram as formas antigas; conferiram-lhes novo sentido, liberando-as assim. Hassidismo, ou talvez a profunda expansão da alma que o gerou e o manteve, criou o judeu emocionalmente regenerado[24].

À medida que Buber se aprofundava na doutrina e nas lendas hassídicas durante os anos seguintes, tornava-se, como escreveu, "consciente da vocação de pregá-las ao mundo"[25]. Seu próprio significado e conceito de uma comunicação literária adequada vinculam-se ao significado e estilo de velhos livros e panfletos. O informante e relator torna-se intérprete e arauto. Inicia-se nele o processo, nunca interrompido, de projetar seu próprio sistema na interpretação do fenômeno histórico[26].

> No hassidismo, o judaísmo subterrâneo foi temporariamente vitorioso sobre o tipo oficial – sobre o judaísmo notório e nítido, cuja história se conta e cuja essência se percebe em fórmulas facilmente compreensíveis. Apenas por algum tempo. Há, em nossos dias, centenas de milhares de *hassidim*; o hassidismo decaiu. No entanto, os es-

---

24. *Der Jude und sein Judentum*, p. 273.
25. *Schriften*, vol. III, p. 968.
26. Assim já formulava Hans Kohn, *op. cit.*, p. 304.

critos hassídicos legaram-nos sua doutrina e lenda. A doutrina hassídica é a coisa mais vigorosa e característica que a diáspora já criou. É a proclamação do renascimento. Nenhuma renovação do judaísmo é possível que não contenha seus elementos[27].

Buber foi o primeiro pensador judeu que viu no misticismo uma característica básica e em contínua atuação no judaísmo. Ele vai muito longe na formulação desta tese, mas o estímulo que com isto produziu ainda tem efeitos hoje em dia, embora sob outros ângulos.

A predisposição mística é característica dos judeus desde os tempos primordiais e sua expressão não é, como costuma acontecer, uma reação consciente e momentânea contra a dominação do intelecto. Uma característica significativa do judeu, que pouco parece ter mudado no milênio, é que nele os extremos se acendem rápida e poderosamente. Assim, ocorre que em meio a uma existência indizivelmente limitada, precisamente fora da própria limitação, irrompe o ilimitado de modo primordialmente repentino e agora governa a alma que a ele se rende... Assim, se a força do misticismo judaico provém de uma característica original do povo que a gerou, então ela também influenciou o destino posterior deste povo. A errança e o martírio dos judeus transportaram reiteradamente suas almas nas ondas de desespero do qual, de vez em quando, a luz do êxtase desperta. Ao mesmo tempo, esta errança e este martírio impediram-nas de completar a pura expressão do êxtase, desencaminhando-as de modo a misturarem as coisas necessárias, profundamente vividas, com as supérfluas e aleatoriamente reunidas e – sentindo-se incapazes de dizer o que lhes é próprio por causa da dor – tagarelando sobre coisas alheias. Assim, escritos como o Zohar, o livro do Esplendor, surgiram e são um deleite e uma abominação[28].

Concomitantemente ao contato com o misticismo como um elemento criativo do judaísmo, Buber passou a ter um interesse não menos passional pelo elemento

---

27. "Introdução" às *Legende des Baalschem*, Frankfurt, 1907, p. 6. Esta introdução foi omitida nos *Schriften zum Chassidismus*, de Buber (vol. III dos seus escritos), assim como muitos outros de seus escritos iniciais.

28. *Die Geschichten des Rabbi Nakhman*, Frankfurt, 1906, pp. 6 e 8. A reimpressão destas páginas nos *Schriften*, vol. III, pp. 11-12, encontra-se bastante alterada.

mítico do judaísmo, que, vinculado a uma reavaliação positiva do mito feita por ele e por muitos de seus contemporâneos – os escritos de Arthur Bonus, hoje esquecidos, desempenharam um grande papel naquela época – deriva da influência de Nietzsche.

> Os judeus são talvez o único povo que nunca deixou de gerar mitos. No início de seu grande documento aparece o mais puro de todos os símbolos míticos, o Elohim plural-singular e a mais orgulhosa de todas as lendas míticas, a luta de Jacó com Elohim. Naquele tempo primordial, nasce a corrente de uma força detentora do mito e que, provisoriamente, desemboca no hassidismo: pelo qual a religião de Israel se sentiu ameaçada em todos os tempos; do qual, porém, na verdade, a religiosidade judaica... recebeu a vida interna... A religiosidade pessoal da alma individual tem o nascedouro no mito e a morte na religião. Enquanto a alma está enraizada no rico terreno do mito, a religião não tem poder sobre ele. Portanto, a religião vê no mito seu inimigo jurado e... o combate onde é incapaz de absorvê-lo. A história da religião judaica é a história de sua luta contra o mito[29].

Buber dedicou um dos seus *Discursos sobre o Judaísmo* a este "Mito dos Judeus"[30]. Ali, procurou reconhecer a essência do mito monoteísta no sentido de uma definição platônica do mito como um relato de feitos divinos enquanto realidade sensível. Para Buber, "todo monoteísmo vivo [está] pleno de elemento mítico e somente enquanto este perdura, aquele vive". Os grandes místicos do judaísmo "renovaram a personalidade do povo a partir das raízes de seu mito". Buber vislumbra duas formas básicas de mito judaico que atravessam a literatura bíblica e pós-bíblica dos judeus: a saga dos feitos de Deus e a lenda da vida do homem "central". Para ele, a primeira representa a eterna continuidade, a segunda, a renovação eterna. Buber nunca se cansou de apontar o elemento mítico do judaísmo vivo, mesmo quando negou, posteriormente, seus próprios laços com o misticismo.

---

29. "Introdução" às *Legende des Baalschem*, pp. III-IV.
30. *Der Jude und sein Judentum*, pp. 78-88.

O trabalho de Buber sobre a tradição hassídica move-se entre estes dois pólos do misticismo e do mito, cuja relação recíproca jamais se tornou clara em Buber (o que se explica por sua expansão radical da esfera histórica do impacto do misticismo). A obra aparece, primeiramente, numa linguagem extremamente patética, até preciosista, na qual as metáforas se seguem umas após as outras e a linguagem anda com pernas-de-pau; posteriormente, numa linguagem muito mais simples e, assim, mais impressionante da anedota concisa, na qual um dito dos *tzadikim* hassídicos, apresentado numa forma breve e diminuta, como renunciando a qualquer ornamento, mostra um todo. No início, as fontes hassídicas pareciam a Buber por demais canhestras e ele acrescentava a suas intenções um embelezamento retórico, de fato, uma completa recriação, que posteriormente ele considerou tão alarmante, a ponto de não mais incluí-la na coletânea final dos *Schriften zum Chassidismus* (*Escritos sobre o Hassidismo*).

Existe um contraste peculiar entre as citações precisas dos escritos hassídicos nas introduções e prefácios e a linguagem muito elevada das histórias e lendas que as seguem. A interpretação que ele dá ao fenômeno hassídico acentuava enfaticamente os aspectos místicos e a vida do hassidismo é ainda compreendida a partir da perspectiva de uma doutrina radicalmente mística. Rabi Nakhman de Bratslav, o bisneto de Baal-Schem, que faleceu em 1810 e a quem Buber dedicou seu primeiro livro, é considerado talvez o último místico judeu. Ele foi o primeiro numa longa série de *tzadikim*, uma verdadeira galeria de santos, cuja personalidade Buber procurou compreender num esforço progressivo de clarificação e, nos quais, ele via os representantes do judaísmo mais autêntico. Sua concepção do significado destes homens, contudo, modificou-se profundamente. É o sentido desta mudança, que ao mesmo tempo caracteriza a mudança de sua concepção do judaísmo, que teremos de discutir no que se segue.

IV

Há dois períodos na preocupação de Buber com o judaísmo que correspondem a seu empenho como um pensador de modo geral. Em ambos, criação e formação constituem um pivô para o qual se volta o pensamento de Buber. Ele buscou os momentos criativos nos quais crescem as grandes formas e ele se fez advogado das forças vivas que surgiram nestes momentos, em oposição às formas e figuras que decaíam gradualmente, as quais, como relíquias de grandes momentos, exigem nosso respeito e veneração. Basicamente, esta sempre foi a atitude de Buber; mas o modo como ele formulou o assunto mudou consideravelmente. Em todas as ocasiões, contudo, a palavra-chave na qual ele resume o pensamento permanece "realização", embora o caminho para ela se fundamente de outra maneira.

"Realização" era o mote dos *Três Discursos sobre Judaísmo*; "realização" era o tema de sua obra filosófica *Daniel* de 1913, que constituía uma justificação filosófica de um culto à experiência viva, completamente sob a égide do misticismo. Foi este culto irrestrito à experiência viva que, já naquela época, evocava a oposição a Buber e foi a rejeição enfática deste culto às vivências que caracterizara o último período de Buber e, certamente, suas formulações filosóficas. Ele voltou-se com veemência (não tão convincentemente) contra interpretações de seu pensamento, que encontraram, mesmo no novo modelo do último período, uma metamorfose do velho culto.

Em *Daniel*, ele fala de uma dupla instância de uma pessoa em relação a suas vivências: a orientação ou ajuste e a realização. A orientação manipula o mundo, unindo-o em coordenadas segundo suas formas e leis. Ela classifica as coisas e as experiências práticas e busca cadeias de conexões. Por meio dela, o homem encontra-se com a realidade, uma realidade a que Buber nega este título. Realização, contudo, significa a submersão na pura vivência, não em uma produzida, ligada ao que vem antes e depois, absorvida pela causa e efeito. Apenas a realização, que não passa da experiência da unidade acima de todas as polaridades e tensões, cria uma realidade a partir da vivência[31]. A atitude de realização é a da imediatez da vivência, enquanto a orientação se "ajusta à conexão ancestralmente habituada do indireto". O homem que realiza é um todo indiviso e nenhum outro a não ser o que chamamos de homem criador. No homem criador, os momentos de realização vinculam-se "a uma série de ápices do eterno que se irradiam das seqüências transitórias dos altos e baixos desta vida humana", e que também preenchem a massa de momentos de mera orientação com uma reflexão do significado[32].

Ambas as atitudes são necessárias e constituem a vida humana. Importa apenas saber em qual delas a pessoa que escolhe investe seu poder. Na orientação, ela tem uma segurança que lhe é radicalmente negada pela realização, a qual exige a descida ao abismo das vivências, a rendição ao abismo, deste modo, fechando-o. A orientação coloca todos os acontecimentos em ligações úteis, mas que permanecem infrutíferas fora de seu escopo; a realização, pelo contrário, "relaciona cada ocorrência a nada que não seja seu próprio conteúdo e precisamente por isto a constrói como um sinal do eterno"[33]. O mundo é multifacetado, dilacerado por dualidades infinitas e, apenas no ato de realização, torna-se uma unidade. O ato de realização é o estabelecimento de uma relação imediata e verdadeira com as coisas ou com aquilo que a pessoa que realiza retira das coisas e insere na realização[34]. A vivência, objeto de um discurso tão exaltado e rico em metáforas, basicamente não passa de um misticismo, certamente um misticismo que pode aparecer sem qualquer fundamento teológico, até mesmo um

31. *Schriften*, vol. I, pp. 22-23.
32. *Idem*, p. 27.
33. *Idem*, p. 42.
34. *Idem*, p. 74.

misticismo ateísta. Não é de se estranhar que Fritz Mauthner, o grande cético e crítico da linguagem, que viu no misticismo ateísta a única resposta a questões formuladas pela filosofia, tenha escrito a uma amiga após ter encontrado o jovem Buber: "Homem de excepcional valor. Judeu polonês. Amigo de [Gustav] Landauer. Sionista ateísta"[35].

Nos anos tardios de Buber, a filosofia mística da vivência converteu-se na "vida do diálogo", cujas palavras-chave foram expostas no *Eu e Tu*, que apareceu dez anos após *Daniel*. As categorias de orientação e realização não perderam importância em Buber, mas se transformaram tendo agora outros nomes. A realização, ao menos, assumiu uma função ligeiramente diferente, sem contudo poder negar sua descendência da forma mais antiga. Agora, Buber fala das duas "palavras básicas", isto é, das relações básicas do homem com as coisas: Eu-Tu, Eu-Isto. A palavra Eu-Tu é a palavra da relação viva e direta; Eu-Isto é o mundo das coisas reificadas nas quais quem se apresenta como uma pessoa a mim se dirigindo e a quem trato por "Tu" decai num "Isto" impessoal.

Segundo Buber, toda vida real é um encontro entre o "Eu" e o "Tu". "Entre eles inexiste qualquer abstração, conhecimento prévio ou fantasia." Entre eles existe relação pura; para Buber uma categoria básica além da qual não se pode ir. "Eu" e "Tu" tornam-se "Eu" e "Tu" apenas por meio de uma relação recíproca e Buber trai, não obstante todos os protestos, a origem mística desta nova categoria em muitas outras passagens, mas nunca tão claramente do que quando diz: "O 'Tu' encontra-se comigo através da graça – não é através da procura que é encontrado. Mas endereçar-lhe a palavra exata é um ato do meu ser essencial"[36]. Assim como em relação à realização em *Daniel*, a nova palavra básica " 'Eu-Tu' só

---

35. *Year Book*, London, The Leo Baeck Institute, 1963, vol. VIII, p. 147.
36. *Idem*, p. 85.

pode ser proferida com o ser essencial de cada um. A reunião e integração à essência total jamais podem ocorrer por meu intermédio, jamais podem ocorrer sem mim". O que disse anteriormente acerca de orientação e realização transfere-se agora para o "Mundo Isto" e o "Mundo Tu".

O Mundo Isto é o da conexão no espaço e no tempo, no qual o homem conhece seu caminho e no qual é possível viver. O Mundo Tu não tem conexão espaçotemporal; ele mina toda a segurança, é perigoso, estranho e indispensável à verdadeira vida do homem. Onde as coisas entram em uma relação vital, o Isto pode torna-se um Tu. Este Tu, no entanto, também deve tornar-se um Isto, após a expiração da relação, que é uma ocorrência isolada[37].

A abertura à religião ou à religiosidade, a Deus, que Buber irá constante e enfaticamente testemunhar, torna-se clara: cada "Tu" singular deixa entrever o "Tu eterno". O Tu inato de cada homem não se pode realizar ou se aperfeiçoar em nenhuma relação individual singular entre o Eu e o Tu. Esta perfeição – e segundo Buber isto é obviamente o ato religioso – é alcançada "apenas numa relação direta com o Tu, que, segundo sua essência, não se pode tornar um Isto"[38]. A filosofia da cultura e da religião de Buber contém estas definições filosófico – antropológicas, que ele tornou frutíferas em muitas aplicações.

Não se pode desconhecer que as próprias definições – que tornam "a realidade vivida" e o "concreto" proeminentes em nome da oposição vitoriosa à abstração de uma conceitualização que rompe relações diretas – são passíveis de objeção. A evidência e a validade de palavras como "relação direta", "Tu eterno", "inter-humano" etc., sobre as quais Buber constrói, não são claras. Elas continuam a culminar numa hipóstase do velho conceito de vivência até o domínio ontológico. A isto

---

37. *Idem*, pp. 100-101.
38. *Idem*, p. 128.

corresponde a ambigüidade e a indefinição de inúmeras e bastante poéticas passagens de Buber, a respeito das quais se deram discussões assaz infrutíferas entre ele e seus críticos[39].

Para a compreensão do mundo de idéias de Buber, precisamente no que diz respeito ao que nos interessa aqui mais de perto, devemos, contudo, começar com os conceitos básicos que dominam todos os seus escritos posteriores. Nestes, o pronunciado abandono do misticismo por Buber – proclamado enfaticamente por ele – desempenha um grande papel. Enquanto a realização em *Daniel* é reconhecidamente de natureza mística – não por nada, o mote da primeira edição do livro é retirado do *de divisione naturae* de Scotus Erigena, uma declaração altamente mística e, não por acaso, omitida da reedição de *Schriften* –, a realização que emana da relação Eu-Tu como sua realização não é mais, segundo Buber, de natureza mística[40]. Com relação à objeção de que a relação Eu-Tu por ele estabelecida e, em princípio, suscetível de infinita extensão envolve (na forma de uma *petitio principii* suprimida) uma relação mística do homem com o mundo ou com Deus – Buber sempre a rejeitou com indignação – sem contudo conseguir convencer seus críticos. As definições "empíricas" das próprias experiências, como a contemplação de uma árvore ou fitar os olhos de seu gato de estimação, parecem-me não passar de descrições de experiências místicas[41].

No entanto, não há dúvida de que Buber, que fala agora sobre Deus como um "Judeu Bíblico" (como freqüentemente se referiu a si mesmo), repudiou definitivamente o discurso sobre "Deus do devenir", que parece estar subjacente a muitas de suas primeiras afirmações[42].

---

39. Isto é válido sobretudo para o extenso volume *Martin Buber* da coletânea Philosophen des 20. Jahrhunderts, Stuttgart, 1963.
40. *Schriften*, vol. I, p. 166. Cf. também ali a crítica de Buber à mística de união, pp. 135-137.
41. *Idem*, p. 144.
42. *Der Jude und sein Judentum*, pp. 7-8.

Assim, também, ele desvalorizou a "vivência", antes tão louvada, em favor do "encontro". Mas esta desvalorização e a crítica a ela vinculada é puramente verbal e exatamente isto é transferido no momento do encontro, o que anteriormente se fez em relação à vivência realizada, mas agora está ausente da vivência no sentido desvalorizado da palavra.

O momento do encontro não é "vivência" que surge na alma receptiva e se realiza perfeitamente: algo aí acontece no homem. Às vezes é como um sopro, outras, como se fora uma luta; pouco importa: acontece. O homem que surge do ato essencial da relação pura tem em sua essência algo mais, um acréscimo que ele não conhecia anteriormente e cuja origem não saberia descrever corretamente. Não importa como a concepção científica do mundo, em seu esforço legítimo de estabelecer uma causalidade sem lacunas, classifica a proveniência do Novo. Quanto a nós, a quem importa a observação verdadeira do real, nenhuma subconsciência ou qualquer outro aparato psíquico têm algum valor[43].

Em outras palavras, a terminologia de Buber, que freqüentemente procurava desvincular-se de seu uso errôneo, modificou-se em um ponto essencial, mas não em seu fundamento: apenas a vivência não é mais da unidade polar, mas do Eu e Tu em relação, da pessoa finita e infinita.

A relação Eu e Tu é o fundamento de tudo que é criativo; dá origem à palavra que é discurso e resposta, a relação dialógica na qual a vida não é mais um mero fato biológico mas é permeada pelo espírito. Nesta relação, também surge num "momento imemorial" a forma que apenas se torna forma realizada quando ela procura prevalecer no processo de formação do mundo do Isto – um mundo a partir do qual é esculpido – e, no qual, portanto, como Buber fala, há sempre uma "mistura do Tu e Isto".

43. *Schriften*, vol. I, p. 152.

Isto vale tanto para a arte[44] como para a religião.

É assim, pois, que no curso da história, através das mudanças do elemento humano, novos domínios do mundo e do espírito se elevam à forma, chamada forma divina... O espírito responde [a revelação] também através de uma visão, uma visão *formadora*. Embora nós terrestres jamais percebamos Deus sem o mundo, mas só o mundo em Deus, ao percebermos, constituímos eternamente a forma divina. A forma também é uma mistura de Tu e Isto. Na fé e no culto ela pode solidificar-se num objeto: porém, em virtude da essência da relação que nela subsiste, ela se transforma sempre em presente. Deus está próximo de suas formas, enquanto o homem não se afasta delas... Quando, porém, o movimento de expansão da religião suprime o movimento de conversão e a forma desloca Deus, então a face da forma escurece, seus lábios desfalecem, suas mãos caem, não conhece mais Deus e a morada universal, construída em volta de seu altar, o cosmos, tomado pelo espírito, desmorona... [e] o homem, na destruição de sua verdade, não vê mais o que ocorreu[45].

O discurso de Buber sobre o cosmos tomado pelo espírito pode ser assim entendido:

Toda grande cultura comum a vários povos repousa sobre um evento original de encontro, sobre uma resposta ao Tu como aconteceu nas origens, sobre um ato essencial do espírito. Este ato, fortalecido pela energia numa mesma direção das gerações posteriores, cria no espírito uma concepção particular do cosmos – somente por seu intermédio é que o cosmos do homem se torna de novo possível; somente assim pode o homem, com alma confortada, reconstruir, sempre de novo, casas para o culto de Deus e habitações para o homem a partir de uma única percepção do espaço; somente, agora, ele pode preencher o tempo agitado com novos hinos e cantos de dar forma à comunidade dos homens. Porém, somente enquanto ele possui este ato essencial, na sua própria vida de ação e paixão [isto quer dizer o diálogo Eu e Tu], somente quando entra na relação, então torna-se livre e, assim, criativo. Se uma cultura não se centra mais num processo de relação viva e incessantemente renovado, ela se enrijece num Mundo Isto, que rompe somente, de quando em quando, por ações eruptivas e fulgurantes de espíritos isolados[46].

44. *Idem*, pp. 104-105.
45. *Idem*, pp. 158-159.
46. *Idem*, p. 114.

O Mundo Isto, rapidamente crescente, continuamente expandindo-se no curso da história, converte-se, assim, numa tirania de regras e preceitos, contra a qual a erupção de uma nova relação, um novo diálogo, é dirigida em protesto e revolução. Novamente o Mundo Tu deve abrir-se a fim de renovar a forma de decomposição do Mundo Isto. Aqui fica claro como mesmo os pensamentos do último Buber se tornaram íntima e firmemente vinculados aos de seu período inicial. Buber ainda procura compreender o criativo, o processo da geração das configurações e formas e encontrou agora, segundo sua convicção, na doutrina do Eu e Tu e da vida do diálogo o "Abre-te Sésamo" que lhe confere nova compreensão do fenômeno da vida espiritual e, acima de tudo, precisamente do judaísmo e sua posição no mundo. Três dos seus quatro amplos volumes, nos quais reuniu seus escritos no final da vida, são dedicados à sua concepção do judaísmo: *Escritos sobre a Bíblia*, *Escritos sobre o Hassidismo* e o volume *O Judeu e seu Judaísmo*, colocando-os à prova com um grande exemplo.

V

Segundo Buber, a vida do diálogo é mesmo a grande descoberta de Israel. "Israel compreendeu a vida – ou melhor, a viveu – como sendo repreendido e respondendo, falando e recebendo respostas"[47]. Desta perspectiva básica, é possível entender sua concepção do monoteísmo judaico. Ele se volta contra o dito de Lagarde, um dos anti-semitas mais profundos e amargos, de que o monoteísmo dos judeus está "no mesmo nível do relatório de um suboficial ordenado a comparecer perante o comandante, que relata a existência de apenas um exem-

---

47. *Idem*, vol. III, p. 742.

plar de um objeto qualquer"[48]. Segundo Buber, o monoteísmo baseia-se no fato

> de que a relação de crença, de acordo com sua própria natureza, vale para toda a vida, sendo aí plenamente eficaz... A singularidade do monoteísmo... é a do Tu e da relação Eu-Tu, tanto quanto a totalidade da vida vivida não o repudia. O "Politeísmo" torna cada aparição divina – isto quer dizer cada mistério do mundo e da existência com o qual tem de lidar – uma essência divina; o "Monoteísta" reconhece em cada coisa uma vez mais o Deus que experimentou ao confrontá-lo[49].

Em outras palavras:

> A experiência de Tu de Israel, a experiência perfeitamente singular é tão forte que a idéia da multiplicidade de princípios não pode mais surgir... A posição fundamental do judeu pode ser caracterizada pelo conceito de *Jichud* (união), o qual é freqüentemente mal interpretado. Ele trata da confirmação incessantemente renovada da unidade divina numa multiplicidade de aparências, sendo assim entendido de maneira bastante prática: por meio da percepção e confirmação humanas acontece sempre de novo – em face da enorme contradição primordial que se anuncia de modo tão amplo e que chamamos de dualidade do Bem e do Mal; não com desdém em relação a esta contradição, mas com amor e reconciliação – o ato de unificação acontece – isto é – cognição, reconhecimento e de novo reconhecimento da unidade divina. Não apenas no credo, mas na realização do conhecimento. Portanto, não em teoremas panteístas, mas na realidade do impossível, na realização das imagens, na *imitatio Dei*. O mistério desta realidade completa-se com o martírio, com a morte tendo nos lábios o chamado pela unidade "Escuta, Ó Israel", que aqui serve como testemunha no sentido mais vivo da palavra[50].

Para Buber a Bíblia é o documento clássico da situação do diálogo e da vida do diálogo. Enquanto, antes de 1925, sua preocupação com a Bíblia não havia assumido ainda formas produtivas, ela permaneceu no centro de suas preocupações durante quarenta anos. Da perspectiva desta nova visão, tal qual ele a apresentou

---

48. Paul de Lagarde, *Mitteilungen 2*, 1887, p. 330.
49. *Schriften*, vol. I, p. 629.
50. *Der Jude und sein Judentum*, pp. 188-189.

em *Eu e Tu*, começou em 1924 – apoiado e estimulado pela colaboração de Franz Rosenzweig, durante cinco anos – a traduzir a Bíblia novamente[51]. Ao mesmo tempo, buscou, numa corrente incessante de conferências, artigos e grandes obras – acerca de complexos centrais do mundo e idéias bíblicas –, fazer um relato interpretativo do que há; ou, expressando-me melhor, do que lhe chegava das palavras antigas.

Já disse que Buber era um grande ouvinte. Sua atitude para com a Bíblia era a de alguém em relação a um documento de revelação, mas ao dizer isso, temos de saber qual o significado de revelação para ele. Buber utiliza-se, certamente – sobretudo sob a influência dominante da *Estrela da Redenção* de Rosenzweig –, da terminologia dos teólogos, quando falam de criação, revelação e redenção como categorias fundamentais do judaísmo. Mas, no seu caso, assim como muitos pensadores religiosos, o significado dos velhos conceitos altera-se e jamais tão claramente como quando fala de revelação ou, o que significa o mesmo para ele, da palavra de Deus. Ele também não faz uma distinção como muitos teólogos católicos costumam propor entre inspiração – na qual, autores humanos, mesmo sem ter clara consciência, são estimulados em sua expressão por Deus – e revelação, na qual se pode perceber o próprio Deus falando. Para ele, as duas esferas confundem-se.

Para Buber, a revelação é um "assunto do Aqui e Agora" – devemos acrescentar, potencialmente em cada Aqui e Agora, "um fenômeno primordialmente presente", a saber, o do encontro criativo entre o Eu e o eterno Tu no chamado e na resposta. E, de fato, o homem recebe por seu intermédio não algo como um "conteúdo", mas a "presença como poder". Ele não recebe uma completitude de significado, mas a garantia de que existe um

---

51. Ver minha conferência sobre a tradução da Bíblia por Buber em *Judaica I*, Frankfurt, 1963, pp. 207-215 [apresentada neste livro como "Num Dia Memorável", pp. 39-46].

significado, "a confirmação inefável do significado". Este significado não é o de uma vida diferente, como por exemplo, a vida de Deus, mas o desta nossa vida, "não a de um do 'além', mas a de nosso mundo". Assim, revelação é o puro encontro no qual nada pode ser expresso, nada pode ser formulado e definido. O significado ali enraizado somente pode, segundo Buber, encontrar expressão nos atos dos homens. O significado não pode ser transferido, não pode ser expresso claramente, ou até ser expresso tido como um conhecimento válido; de modo geral ele não pode nem "tornar-se um imperativo válido, não pode ser inscrito em nenhuma tábua que possa colocar-se acima das mentes humanas. Cada homem somente pode confirmar o significado recebido com a singularidade do seu ser e com a singularidade de sua vida. Assim como há nenhum preceito que nos possa levar *ao* encontro, também não há nenhum partindo *dele*".

Esta definição de Buber é, o que se deve dizer claramente, uma pura definição mística da revelação. Pertence às mais surpreendentes ilusões de Buber o fato de ele acreditar ter deixado com estas palavras a esfera do misticismo, até mesmo de a ter rejeitado. Alguns anos atrás[52], procurei definir em pormenores o conceito cabalista de revelação e a palavra de Deus. As afirmações de Buber pertencem, essencialmente, a esta esfera com apenas a diferença essencial de que para o místico a revelação histórica implica a revelação mística, à medida que esta se articula e se desenvolve graças àquela. É certo que Buber não trata mais sobre isto. Ele conhece apenas uma revelação e esta é a mística, conquanto ele negue esta designação. No final da passagem que citaremos parcialmente, lê-se:

Esta é a revelação eterna, presente Aqui e Agora. Não conheço nenhuma revelação e não creio em nenhuma que não seja, em seu fenômeno originário, semelhante a esta. Não acredito em uma auto-

---

52. Ver *Über einige Grundbegriffe des Judentums*, pp. 90-120.

denominação ou em uma autodefinição de Deus diante do homem. O que existe é e nada mais. A fonte eterna da força brota, o eterno toque nos aguarda, a voz eterna ressoa, nada mais[53].

Nos escritos de Buber sobre a Bíblia, este conceito é mais ou menos vinculado ao fenômeno histórico, acima de tudo à revelação do Sinai, tal qual apresentado na Bíblia e com a revelação profética que sempre é interpretada por Buber como uma missão e um chamado à decisão. Inadvertidamente, o discurso acerca de um verdadeiro diálogo entre o Eu e o Tu converte-se num discurso acerca da verdadeira revelação. Isto se torna especialmente claro na exposição notável dedicada à revelação no Monte Sinai ou o "Pacto no Sinai" entre Deus e Israel no livro *Königtum Gottes* (*Reino de Deus*) (1932), que, de modo geral, permanece bastante próximo ao texto bíblico. Nos relatos da Torá, que considera não-históricos, ele busca o "cerne" de um acontecimento originário, a saber, "o encontro" em seu significado mais alto e encontra este último pela aplicação de uma exegese puramente pneumática, cuja subjetividade confunde o leitor. Em lugar da análise, que aplicou de maneira frutífera nos escritos sobre a Bíblia, aparece, precisamente nas páginas mais decisivas do livro – dedicado à origem religiosa da teocracia israelita no pacto do Sinai –, uma construção pneumática segundo a qual a liga de tribos seminômades que errou desde o Egito não elevou seu chefe humano à posição de rei, mas sim "erigiu a teocracia ao terreno anárquico da alma"[54].

53. Ver *Schriften* vol. I, pp. 152-154. Sobre o eterno ressoar da voz que emana do Sinai, ver a citação do cabalista Meïr ben Gabbai, *idem*, pp. 112-116. Sobre o conceito cabalista de revelação, *idem*, pp. 105-112.

54. *Schriften*, vol. II, pp. 686 e 721, como também na exposição com um tom um pouco mais suave do capítulo "Acontecimento Sagrado" do livro *Der Glaube der Propheten*, em *Schriften*, vol. II, pp. 281-297. Pelo contrário, a formulação é ainda mais aguda em *Schriften*, vol. II, p. 856, onde lemos acerca da revlelação sinoítica, que foi "o traço remanescente em palavras de um acontecimento natural – o que quer

O conceito místico genérico de Buber de revelação, como aqui se estabelece, projeta-se no que a tradição religiosa assevera serem as ocorrências específicas e históricas da revelação. Assim, Buber obtém não apenas um afrouxamento extraordinário dos textos que são a base do judaísmo histórico enquanto sociedade religiosa, mas também a identificação, que ele defende, das revelações aceitas pela tradição religiosa, e por isto consideradas autoritárias, com as revelações que a qualquer tempo e espaço podem alcançar o ouvinte atencioso.

As poderosas revelações que as religiões invocam se assemelham fundamentalmente às revelações silenciosas que se passam em todo o tempo e lugar. As revelações poderosas que estão na origem das grandes comunidades, nos movimentos de transição das etapas da humanidade, nada mais são do que eterna revelação. A revelação, no entanto, não é derramada sobre o mundo através de seu destinatário, como se fosse através de um funil; é exatamente isto que as revelações históricas fazem [*G.S.*]; ela chega a ele, ela o toma em sua totalidade, em todo o seu modo de ser e se amalgama a ele. Também o homem que é a "boca" é exatamente a boca e não um porta-voz, não é um instrumento, mas um órgão que soa segundo suas próprias leis e soar é transformar[55].

Buber está longe de asseverar que a experiência e a corrupção da situação dialógica são uma peculiaridade

dizer, um acontecimento que ocorreu no mundo comum dos sentidos dos seres humanos, adaptado em seu contexto – que o grupo que o experimentou, e por ele se entusiasmou, exprimiu-o como a revelação de Deus a ele, memória formativa de gerações de livre arbítrio; este modo de experimentar, contudo, não é uma autodecepção do grupo, mas sua visão e sua razão perceptiva, pois os acontecimentos naturais são os portadores da revelação e a revelação ocorreu onde a testemunha do acontecimento, presa a este, experimentou o conteúdo como revelação e onde alguém poderia assim afirmar o que a voz nela falando poderia dizer à testemunha que olha em condição, sua vida e seu dever". Tal citação mostra claramente como Buber afrouxa pneumaticamente as asserções históricas da Bíblia que não pode mais aceitar e insere um conceito essencial místico de revelação – conquanto numa formulação moderna no histórico.

55. *Schriften*, vol. I, p. 158.

do judaísmo. Ele tem, porém, quase certeza de que "nenhum outro grupo de seres humanos sacrificou tanta energia e fervor a esta experiência como os judeus"[56]. Ele poderia encontrar uma clássica e, na história das religiões, insuperada exposição desta situação de modo mais convincente no fenômeno da profecia bíblica e, em seu livro *A Fé Profética*, parece-me ter atingido o ápice dos esforços para compreender a Bíblia como um grande diálogo. O profeta é alguém que escuta e a quem, ao mesmo tempo, os decretos e as solicitações de Deus são esclarecidos por meio de símbolos. Ele é, porém, também aquele que, na certeza de suas instruções e missão, conclama seu povo – em situações históricas concretas – a uma decisão em favor das demandas de Deus e sua realização. Ele requer uma conversão de Israel, que em hebraico é igual à palavra "resposta", como Buber costumava apontar.

Com grande energia, Buber enfatizava o significado do chamado para conversão que acabou por encontrar sua expressão na profecia – um chamado não ao indivíduo, mas à comunidade – para a constituição da sociedade religiosa do judaísmo. Ele caracterizou o fracasso do chamado, o caráter inacabado do diálogo jamais terminado como um elemento constitutivo do judaísmo. Pois o dialógico não está isento do risco de uma transformação convulsiva no violento e no destrutivo. Buber poderia ter apontado – sempre me pergunto por que não o fez – que o primeiro diálogo entre seres humanos mencionado na Bíblia, o de Caim e Abel, também levou ao primeiro assassínio.

Ao lado da concepção do diálogo num sentido fortemente ampliado, Buber ocupava-se principalmente com o problema do messianismo e da redenção. Sempre enfatizava seu caráter central para a compreensão do judaísmo em todas as fases, até sua metamorfose em algo puramente secular. Nos escritos sobre a Bíblia, traçou

---

56. *Der Jude und sein Judentum*, p. 190.

suas origens; em outros escritos, seus efeitos e transformação no judaísmo. Nele, encontro a mais forte expressão do vínculo de Israel à história como a arena da relação dialógica básica e sua realização. Segundo Buber, a esperança escatológica de um futuro, no qual as mais profundas expectativas entre o Eu e Tu se realizariam, sempre contém uma esperança histórica, que somente se torna propriamente "escatológica" – uma projeção até o fim dos dias – pela grande decepção na história. A decepção foi, durante quase 3 000 anos, a mais amarga experiência de Israel, precisamente por causa de seus laços com a história. Para a fé, o futuro messiânico torna-se uma mudança histórica radical, de fato, uma superação radical da história. Posteriormente, uma nova mitologização desta espera irrompe na utopia messiânica. Pois a fé mitologiza seu objeto e mesmo não sendo o mito sua substância é, não obstante, "a linguagem da fé que espera bem como a que recorda"[57].

Em algumas páginas notáveis sobre o livro de Isaías, Buber procura mostrar que, originariamente, a espera messiânica existia "na concretude total da hora vivida e seu potencial" e torna-se fortemente escatológica apenas quando se atingem os grandes discursos do Deutero-Isaías, uma transformação que para Buber coincide com uma transformação de Deus que é decisiva para toda a história do judaísmo, do Deus da história ao Deus dos sofredores e dos oprimidos. Justiça e amor ativo – a palavra hebraica *hesed* dificilmente pode ser traduzida de um modo diferente – constituem tanto a exigência do momento que suporta o sofredor como a esperança do futuro que deverá ser realizada na Terra.

Para Buber, contudo, a idéia messiânica não é uma idéia revolucionária e isto é, certamente, peculiar. Segundo ele, o Messias é o realizador, "a pessoa que, finalmente, realiza seu mandato magnífico, aquela que, numa comunidade humana, com forças humanas, res-

---

57. *Schriften*, vol. II, p. 490.

ponsabilidade humana, estabelece a ordem divina, isto é, a ordem da justiça e do amor requerida por Deus"[58]. Para Buber, em seus últimos anos, o chamado para os que vêm e para o novo não representa mais um chamado à revolução – em estreito contraste com os anos anteriores[59]. O que é novo é apenas o desenvolvimento do ser humano à imagem de Deus, "que não passa para o lado de Deus, mas que permanece parado diante de sua face num diálogo irrevogável"[60]. Por isso, Buber vê na *imitatio Dei* o cerne da ética judaica, que extrai a vida da tensão messiânica, da certeza do domínio final do Bem.

A idéia messiânica vincula, ao mesmo tempo, criação e redenção, começo e fim, como Buber procurou demonstrar particularmente nos casos do Deutero-Isaías e do hassidismo. A criação de Deus é algo que acontece sempre de novo, em razão do trabalho da redenção. Ele opera por causa da obra de redenção uma mudança na natureza que é, contudo, ao mesmo tempo, símbolo da mudança espiritual... Entre a criação e a história não existe, para o Deutero-Isaías, nenhuma demarcação teológica[61].

Mais uma vez Buber encontra exatamente esta concepção nos ensinamentos do hassidismo. A fundamentação do messianismo judaico pode resumir-se, segundo Buber, na frase: "Deus quer usar o homem na sua obra de completar a criação"[62] ou, para formular pormenorizadamente:

O momento vivido do homem permanece, em verdade, entre a criação e a redenção, vinculado à criação em seu *ser* realizado e à redenção em seu *poder* de realizar; ainda mais, não fica entre ambos, mas em ambos. Pois, assim como a criação não existe uma vez só no

58. *Idem*, pp. 395 e 399.
59. *Idem*, p. 468.
60. *Idem*, p. 399.
61. *Idem*, p. 461.
62. *Idem*, p. 752.

começo, mas constantemente no tempo todo, também a redenção existe não uma vez só no fim, mas constantemente em todo o tempo.

Assim como Deus, segundo as palavras da antiga liturgia judaica, renova o trabalho da criação a cada dia, assim, também segundo Buber, Deus permite que, na esfera da redenção, "sua atuação se alie incompreensivelmente à atuação da pessoa humana. O momento de redenção é real, não apenas por causa do cumprimento e perfeição, mas também em razão de si mesma"[63].

Que estas afirmações acerca da criação e redenção em seus aspectos bíblicos como hassídicos são bastante problemáticas e podem ser contestadas com boas razões, não precisa ser demonstrado aqui em pormenores, pois nossa tarefa é compreender Buber. Basta dizer que sua ênfase e associação trazem imenso grau de subjetividade, porque, nos textos em que Buber se apóia, criação e redenção são complementares, mas não realmente paralelas. Ainda mais, se é certo que a constante renovação da criação corresponde à doutrina judaica tardia, também é certo que esta não conhece o momento da redenção que Buber gosta de mencionar completamente no espírito do existencialismo religioso. Para Buber, no entanto, esse é um ponto crucial. "Somente com a redenção de cada dia pode chegar o dia completo da redenção." Ele considera um erro ver o judaísmo messiânico esgotado "na crença de um único acontecimento no final dos tempos e numa única figura como mediadora deste acontecimento. A certeza da força de colaboração conferida ao homem vincula o final dos tempos à vida presente". É verdade que vivemos num mundo não redimido, "mas a partir de cada vida humana ligada ao mundo, uma semente de redenção mais do que arbitrariamente cai nele e a colheita é de Deus"[64].

63. *Idem*, p. 753.
64. *Idem*, pp. 755 e 757.

A reviravolta radical contra o elemento revolucionário no messianismo judaico vincula-se a outro ponto importante, sua pronunciada aversão ao apocalipse. Buber encontra-se entre os pensadores – não menos do que Rosenzweig e uma longa linha de pensadores liberais judeus – que, ao menos no último período, representam uma tendência de remover a vertente apocalíptica do judaísmo. Discuti em pormenores esta tendência em minha conferência, "Para a Compreensão da Idéia Messiânica no Judaísmo"[65]. Representa uma tendência legítima, oposta a uma não menos legítima, rejeitada por Buber, mas extremamente efetiva.

Para Buber, o apocalipse é uma distorção e falsificação do impulso profético surgido sob influência iraniana e acerca do qual ele fala agora tantas coisas ruins como no período inicial acerca da Lei. Uma excelente expressão desta atitude, que percorre todos os escritos posteriores, pode-se encontrar no ensaio *Prophetie und Apokalyptik*[66]. Profecia e Apocalipse representam duas atitudes básicas para ele perante as quais assume posições apaixonadas. O profeta a quem Deus se dirige pertence ele mesmo ao centro dos acontecimentos que quer alcançar com os chamados à conversão, dos quais participa colocando todo seu ser. Pois a finalidade do profeta não é a de um vidente, mas a de confrontar pessoas com decisões alternativas. O homem apocalíptico, em contraste, coloca-se perante os acontecimentos; neles vislumbra um curso inalterável que agora, quando o final dos tempos se aproxima, se tornou visível, levando não a uma realização da história, mas à sua aniquilação; somente então surgirá o novo *eon*, o mundo da Utopia, que segue a grande catástrofe.

"Para o vidente, o futuro não é algo que surge; esteve sempre presente nos céus. É por isso que pode ser

---

65. Em *Einige Grundbegriffe*, pp. 121-170.
66. *Schriften*, vol. II, pp. 925-942. As citações nos parágrafos seguintes provêm destas páginas.

'desvelado' pelo visionário e este pode desvelá-lo para os demais." "Semeou-se pequena semente ruim, no início, no coração de Adão", como se encontra no apocalipse do assim chamado quarto livro de Ezra. Agora toda a colheita deve estragar-se e, somente quando for cortada a catástrofe final, poderá o solo do bom aparecer. Em lugar da decisão no sentido dos profetas existe apenas a separação do escolhido de uma criação em ruínas destinada à decadência. "O homem não pode realizar nada, mas também não há nada para ele realizar." Buber vê uma transformação moderna otimista do elemento apocalíptico judaico originalmente pessimista na visão de Karl Marx do futuro, "cujo terreno profético primordial" ele nega, pois nele vê um apocalíptico em forma secular, que é indiferente à mudança interna dos seres humanos que precede a mudança do mundo, estando apenas preocupado com o curso inalterável dos acontecimentos que engolirá revolucionariamente a história prévia, e que pensa que sua catástrofe, no melhor dos casos, deve ser acelerada. Na versão moderna do apocalipse, que não encontra apenas em Marx, mas redescobre entre os teólogos protestantes da escola de Kal Barth, Buber vê uma codificação de tudo que o intriga a objeções. Ele procura, com a maior habilidade possível, minimizar o significado deste fator na história do judaísmo.

Com isto, contudo, foi levado a uma revisão – se bem que não decisiva – de sua atitude em relação à lei, em que a fidelidade do elemento conservativo como um fator antiapocalíptico, agora, lhe aparece numa luz mais positiva. Esta mudança de posição revela-se, antes de tudo, em seu ensaio de 1925 contra Oskar H. Schmitz "Pharisäertum"[67]. Agora, ele não mais encontra na posição dos fariseus um rígido legalismo para com a lei. Ele reconhece que uma "tradição viva" existia aqui, "que, basicamente, é verdade, não pretendia ser outra coisa do

---

67. *Der Jude und sein Judentum*, pp. 221-230.

que a aceitação de algo entregue, de algo oralmente preservado, mas que na sua realidade, contudo, em cada nova geração, dava nova impressão a cada nova situação: uma impressão, é certo, que teria que se legitimar pelos vínculos com a tradição, mas neste processo ampliou e modificou sua situação e, de fato, mudou as coisas"[68].

Buber vai tão longe a ponto de dizer que "os fariseus, quando procuraram interpretar as escrituras, projetaram-nas no espaço dos acontecimentos humanos". Isto equivale a um novo tom do qual pouco se ouvia no período inicial de Buber. Mas Buber está longe de conferir ao judaísmo normativo, Halahá, uma posição central em sua cognição do judaísmo. Em sua discussão do cristianismo, que empreendeu em seu livro mais fraco, *Dois Tipos de Fé* (1950), e vinculado a uma discussão – certamente extremamente dúbia – acerca do suporte diferente da fé, *emunah*, no judaísmo, e *pistis*, no Novo Testamento, a Lei e a atitude do judaísmo e do cristianismo para com ela assumem decididamente posição secundária. Nos outros escritos deste período também, que partem dos motes do Eu e Tu, distingue entre Mandamento, que é o endereçamento da revelação ao homem que põe exigência, e a Lei, na qual o endereçamento se objetiva e logo se deteriora no Mundo Isto[69]. Suas declarações acerca da Lei tornam-se mais comedidas, mas esta ainda nada significa em relação ao que está próximo de seu coração em suas reflexões.

VI

O principal trabalho de Buber na compreensão e interpretação do grande fenômeno do judaísmo concentrava-se na Bíblia e no hassidismo, que, em sua visão, coincidiam completamente, e de formas variadas procla-

---

68. *Idem*, p. 222.
69. *Schriften*, vol. II, p. 1 080.

mavam a mesma mensagem do judaísmo autêntico, a realização da genuína, por ele concebida como direta, relação do Eu e Tu no momento vivido, da qual emana vida e significado em todos os tempos e formas. Mas devemos apontar uma diferença de atitude para essas duas áreas, bastante visível em sua obra e que dá o que pensar ao leitor – caso dela se apercebesse. Os escritos de Buber sobre a Bíblia apresentam-se, ao menos na sua estrutura literária e modo de execução, como uma análise científica. Eles enquadram-se nos marcos tradicionais do questionamento científico, limitam-se – por indicações precisas de fontes e em comparação a seus outros escritos – a uma discussão bastante rica e visivelmente ostensiva da literatura acadêmica acerca do assunto. De certo, suas exegeses são, como já disse, pneumáticas, quando são para valer. São, no entanto, exegeses pneumáticas com notas eruditas, o que faz com que seu caráter pneumático regrida um pouco ou mesmo desapareça. Seus escritos hassídicos, contudo, evitam todos esses acessórios. Representam *ex cathedra* declarações cuja verificação nas fontes não oferece qualquer encorajamento ou ajuda.

Permitam-me mencionar, aqui, algo pessoal a título de ilustração. Apenas uma vez, em 1921, quando ainda era muito jovem, consegui fazer com que Buber acompanhasse um de seus livros – *Der grosse Maggid und seine Nachfolge* (*O Grande Maggid e seus Sucessores*) com referência a suas fontes. Falei-lhe do estímulo que semelhante inclusão necessariamente daria aos leitores mais sérios, com um bom conhecimento de hebraico, de comparar suas histórias com as originais e, de fato, eles tinham direito a tal comparação. Ele prometeu pensar sobre o assunto e, como compromisso, acrescentou a seu livro uma lista de referências que era, como me escreveu, "para ser impressa em separado e enviada gratuitamente a qualquer interessado". Neste caso, havia, ao menos, uma referência ao título e à edição do livro que servia de fonte para cada uma das histórias, embora ainda não houvesse nenhuma indicação do número exato de páginas. Mesmo essa concessão, que era obviamente contrária à sua vontade, desapareceu dos livros e edições hassídicas posteriores e, somente em 1957, deixou-se novamente persuadir a incluir os títulos de suas fontes na versão hebraica dos *Contos Hassídicos*. Para ele, este era o limite máximo de acomodação à discussão histórica e científica. Ele estava tão próximo da nota pessoal que havia imprimido ao hassidismo de modo a não querer expô-lo à luz fria da confrontação com métodos críticos tradicionais.

Era inconveniente para Buber acentuar esta diferença entre sua atitude e a da pesquisa pura, e eu mesmo só tive consciência do rigor desta diferença gradualmente. Quando o visitei na Alemanha em 1932, disse-lhe: "Por que o senhor não escreve finalmente uma obra expositiva da teologia do hassidismo?" Ele respondeu: "Pretendo fazer isso, mas somente depois de o senhor escrever um livro sobre a Cabala". Perguntei: "Isto é um pacto?" Ele disse: "Talvez". Naquela época, eu ainda não compreendia que ele era incapaz de manter uma atitude acadêmica perante este tópico. Foi uma experiência frustrante perceber isto quando, em 1943, dois anos após a publicação do meu livro que ele estava aguardando, dirigi-me a ele para que, como lhe dissera antecipadamente, pudéssemos ter uma conversa na qual poderia explicar-lhe minhas dúvidas fundamentais acerca de sua interpretação do hassidismo, que haviam surgido durante os longos anos de estudo contínuo de textos e que ventilei em outro lugar[70].

Buber ouviu com grande seriedade e muita atenção. Quando terminei, ele permaneceu em silêncio por muito tempo. Então disse devagar e enfatizando cada palavra: "Se o que o senhor está dizendo agora fosse correto,

---

70. "Martin Bubers Deutung des Chassidismus", *Judaica 1*, 1963, pp. 165-202 ["A Interpretação de Martin Buber do Hassidismo", neste livro, às pp. 9-38].

meu caro Scholem, então eu teria trabalhado em cima do hassidismo quarenta anos em vão, pois nesse caso, o hassidismo não me *interessa* absolutamente". Foi a última conversa que tive com Buber acerca de problemas substantivos do hassidismo. Faltaram-me palavras. Entendi não haver nada mais a dizer.

Assim como o trabalho de Buber sobre a Bíblia se revela na apresentação do texto bíblico por meio de sua nova tradução e na discussão interpretativa desse texto, seus esforços em favor do mundo hassídico resolvem-se numa coletânea de anedotas hassídicas de conteúdo didático, representados de forma impressionante nos *Contos Hassídicos* e em trabalhos interpretativos nos quais apresenta o que chamava de "mensagem hassídica". Buber tinha consciência do paradoxo de seu empreendimento quando expressou, "diretamente como mensagem, a mensagem à humanidade que o hassidismo não pretendia ser, mas era e é. Assim, eu a considero como algo contra a sua vontade, porque o mundo tem grande necessidade dela hoje em dia"[71]. Ao mesmo tempo, contudo, ele enfatizava não haver transformado esta mensagem numa "abstração impenetrável" e procurou, assim, preservar as formas místicas nas quais se expressava a essência hassídica. Nesta, dissociava-se do postulado contemporâneo da desmistificação da religião, pois "o mito não é a investidura subseqüente de uma verdade da fé, mas é o produto arbitrário de uma visão criativa e a memória criativa do que é dominante e nada de abstrato se pode extrair deste caso"[72]. Deve-se, contudo, dizer que, não obstante seus protestos, ele não deixou de fazer tentativas nesta direção. A ênfase nas tendências do hassidismo, que, segundo ele, continha esta mensagem para o mundo e, ao mesmo tempo, seu mais íntimo significado judaico, baseia-se, em grande parte, na fusão destas tendências com conceitos por ele forjados. Sua própria

---

71. *Schriften*, vol. III, p. 741.
72. *Idem*, p. 946.

contribuição à compreensão do judaísmo aparece igualmente nesta sua criação, como sua análise tornaria visível o que é problemático, isto é, questionável acerca do judaísmo.

Enquanto anteriormente o hassidismo parecia a Buber um paradigma de "mística ativista", posteriormente, ele viu nele uma realização da relação Eu-Tu, que é realizada na concretude do mundo sem qualquer intermediação mística. As verdadeiras características místicas que havia acentuado anteriormente são agora deixadas de lado ou então reinterpretadas. Permanece crucial para ele a eliminação da separação entre o sagrado e o profano, a consagração e a santificação de *cada* ato concreto, qualquer que seja seu conteúdo, um pansacramentalismo que deve tornar "aberto ao mundo, piedoso ao mundo, em amor ao mundo"[73].

A tendência à eliminação da separação entre o sagrado e o profano, que, segundo Buber, atinge uma "perfeição quase realista" no hassidismo, realça-se à luz do pano-de-fundo da tendência oposta que salta aos olhos, uma situação que leva à demarcação estrita das duas esferas[74].

É precisamente a tendência oposta que fundamentalmente caracteriza o mundo da Halahá, a ordem de vida judaíca sob a lei. Buber, contudo, encara isto da seguinte maneira: a separação das duas esferas é apenas provisória, pois mesmo segundo as opiniões mais antigas, a lei atinge apenas as áreas que "já haviam sido destinadas à santificação", enquanto, no mundo messiânico, tudo será sagrado. Assim, o profano "pode ser visto como um estágio preliminar para o sagrado; é o que ainda não foi santificado"[75].

É neste sentido que Buber interpreta um dito famoso de um dos grandes *tzadikim*, Rabi Menahem Mendel

---

73. *Idem*, p. 844.
74. *Idem*, p. 939.
75. *Idem, ibidem*.

de Kotzk, dito esse de significado completamente diferente no contexto original: "Deus mora onde quer que seja admitido". O que importa, em outras palavras, é a santificação do dia-a-dia. "O que é necessário não é realizar atos que consistem no sacro ou místico, o que é necessário é fazer o que cabe a cada um, o habitual e óbvio, no seu aspecto verdadeiro e puro"[76].

Para Buber este é o significado do pansacramentalismo hassídico. O homem deve realizar sua vocação no próprio mundo concreto, não por meio de intermediações místicas ou por meio de realizações esotéricas ou mesmo mágicas. Buber contrasta o princípio da seleção dos materiais e ações sagrados no movimento reformista cristão com a atitude hassídica, que, segundo ele, "sabe que a substância sacramental não deve ser encontrada ou mantida na totalidade de coisas e funções, mas acredita que ela pode ser despertada e redimida em cada objeto e ação", a saber, "pela presença completa de toda a pessoa, em seu todo dedicada, por meio da existência sacramental"[77].

O que confere à concepção de Buber seu tom característico é esta aguda ênfase em uma tendência para a qual existe indubitavelmente ampla evidência na literatura judaica e, especialmente, na literatura hassídica. Esta concepção particular custou-lhe um preço elevado, notadamente pela desconsideração definitiva das características nas quais o encontro com o concreto é interpretado como sua eliminação, pois no verdadeiro encontro – e este é o tom dos textos hassídicos decisivos – o concreto perde o caráter de sua concretude e eleva-se ao divino. Num exame mais próximo, o "amor ao mundo" do hassidismo aparece como o amor de Buber ao mundo. A atitude hassídica era muito mais dialética do que aparece em Buber. Nos escritos posteriores de Buber, sua calorosa polêmica contra toda a gnose, na qual incluía,

---

76. *Idem*, p. 812.
77. *Idem*, p. 841.

com toda razão, a cabala judaica, contribuía para a inequívoca glorificação do "concreto". Enquanto, anteriormente, numa excelente formulação, ele definiu o hassidismo como "a cabala convertida em *etos*"[78], agora o encara – precisamente no seu mais característico – como oposto à cabala. O que cria a "descentralização do mistério"[79] agora é polemicamente exagerado numa antítese.

A predileção de Buber por antíteses exageradas, que não mais alcançam o fenômeno real da fé, embora sempre contenham uma semente de verdade, é uma fraqueza fundamental de sua obra. Suas teses, assim, mais do que nunca, correm o risco de cair no absurdo. As formulações mais radicais daquilo que Buber em seu mote da santificação de cada dia declara como a tendência básica do hassidismo, que deixou para trás o elemento cabalístico, devem ser encontradas precisamente nos escritos cabalísticos. Para Buber, contudo, há uma oposição eterna entre o que ele chama *Devotio* e *gnose*. Em sua interpretação do judaísmo, ele sente-se como o porta-voz da *Devotio* contra a *gnose*, que designa como o "grande poder na história do espírito humano"[80]. Para ele, a gnose é a presunção de um conhecimento de Deus que não nos alcança, enquanto a *Devotio* significa o serviço ao divino, cuja presunção é a de que o servo jamais entende a si mesmo como *seu* eu.

Embora muito pouco seja ganho com estas antíteses para a compreensão do fenômeno histórico, todas são uma concepção exata da concepção de Buber. Mesmo em suas fases posteriores, ele toma partido, como fez no início, do informulável, do começar e fazer criativos contra todas as formas das grandes tradições religiosas que, num olhar mais próximo, são gnose no sentido de

---

78. *Idem*, p. 15.
79. *Idem*, p. 810.
80. *Idem*, p. 53. A polêmica contra a gnose reaparece freqüentemente em seus escritos posteriores; ver, por exemplo, *Der Jude und sein Judentum*, pp. 194-197.

Buber ou por ela corroídas. Ele concede que o elemento gnóstico determina os elementos místicos do hassidismo, mas nega – a ponto de assumir o perigo de autocontradição – que isso tenha algo a ver com os impulsos criativos que se servem do mito e o transformam. A infinita evasiva de suas formulações permite-lhe superar tais contradições.

Buber iniciou sua atividade como porta-voz do judaísmo em seus *Três Discursos sobre o Judaísmo*. Em contraste com o grande gesto representado por estes três discursos, aparecem os discursos publicados em 1952, no final de sua vida, que são permeados por grande resignação e depressão. A voz ficou baixa, o orador está à beira do desespero e cônscio da amarga ironia de que ele, o filósofo do diálogo, jamais alcançou o ponto de entrar em um diálogo com seu próprio povo[81]. Poucos poderão ler estes discursos – o legado de um ancião que mais uma vez resume a introspecção de sua vida – sem se sentir tocados. No auge de sua vida e influência, num discurso proferido em 1933, "Humanismo Bíblico", ele já havia respondido com maior segurança às questões que agora se coloca e deixa sem resposta[82]. Anteriormente ele havia contrastado o humanismo ocidental com o bíblico, isto é, o chamado para tornar-se um ser "digno da Bíblia", uma pessoa "que se permite ser atingida pela voz que lhe fala na Bíblia hebraica e que responde a ela com sua vida".

Buber exige um renascimento das forças normativas originárias a que a vida se sujeita.

> Mesmo alguém que como eu é incapaz de deixar a palavra bíblica substituir o lugar da voz, mesmo para ele, deve ser certo que não atingiremos verdadeiramente o normativo de nenhum modo a não ser tornando-nos acessíveis à palavra bíblica... Não somos mais uma co-

---

81. Esta situação foi formulada precisamente desse modo por um de seus críticos americanos, Chaim Potok, *Commentary*, março, 1966, p. 49.

82. *Schriften*, vol. II, pp. 1087-1092.

munidade que possui [o que foi proclamado pela revelação]: mas se nós nos abrirmos para a palavra bíblica... podemos esperar que aqueles que estão presos deste modo – diferentemente e, ainda assim, de modo comum – crescerão juntos numa comunidade no sentido original... O humanismo bíblico, ao contrário da variedade ocidental, é incapaz de resgatar uma pessoa dos problemas do momento; pretende educar-nos para a perseverança e conservação do momento. Esta noite de tempestade, estes relâmpagos, esta ameaça de corrupção: não fuja deles para um mundo do Logos, para um mundo da forma perfeita; fique firme: ouça a palavra no trovão, obedeça, responda! Este mundo terrível é o mundo de Deus. Ele o ameaça. Reconheça-se como a pessoa de Deus nele!

Estas palavras resumem a compreensão de Buber do judaísmo. O vigor de Buber está expresso na tensão entre o clamor do ano de 1933, marcando o início da grande catástrofe do povo judeu, e a baixa e pequena voz destes discursos chamados *Na Virada*. Talvez a melancolia das palavras de louvor com que começa um dos grandes poemas hebraicos deste século também valha para Buber:

Aschre ha-sorim welo jiqzoru
"Bendito seja aquele que semeia mas não colhe."

9. WALTER BENJAMIN

Em 1965, fará 25 anos que Walter Benjamin – por longo tempo meu amigo muito próximo – se suicidou, após cruzar a fronteira da Espanha com um grupo de refugiados, escapando dos alemães e a autoridade local, em Port-Bon, ameaçava trazê-los de volta à França. Então, tinha 48 anos. Uma vida passada inteiramente longe da cena pública, conquanto a ela vinculada pela atividade literária, ficou em completo esquecimento, a não ser por alguns poucos que dele receberam uma impressão inesquecível. Nos mais de vinte anos entre a irrupção da era nazista na Alemanha e a aparição da maioria de seus mais importantes escritos, seu nome foi completamente esquecido pelo mundo intelectual. No melhor dos casos, ele foi objeto de uma campanha de difusão esotérica que muitos de nós promovíamos assiduamente. Graças, em boa parte, aos esforços de Theodor Wiesengrund Adorno, houve uma mudança no mundo de fala alemã.

Ele jamais se cansou de apontar o significado extraordinário de Benjamin e empenhou-se em obter a publicação dos 21 volumes de seus escritos (*Schriften*) pela Suhrkamp Verlag, num tempo em que não era fácil obter um editor para isto. Na geração de autores como de leitores que agora se forma, seu nome é reverenciado como o mais eminente crítico literário de seu tempo; alguns dos seus escritos surgiram em novas edições – o grande volume de seus escritos selecionados, *Iluminações*, recebeu uma edição notável e substancial –, e no curso deste ano podemos contar com a publicação de uma seleção bastante abrangente de suas cartas – algumas muito importantes – editadas por mim e por Adorno. Elas apresentam um retrato de sua vida e obra.

Vi Walter Benjamin, pela primeira vez, no outono de 1913, numa discussão entre a juventude sionista e membros judeus do grupo Anfang de Wyneken e da Associação Estudantil Alemã Livre, da qual participou como principal porta-voz. Não me lembro mais sobre o que ele falou, mas tenho a mais viva memória de sua postura como orador. Isto deixou uma impressão duradoura, pois sem olhar a platéia, ele falava com um olhar fixo num canto remoto do teto, com grande intensidade, num estilo que, tanto quanto lembro, estava pronto para ser impresso. Observei o mesmo comportamento em outras ocasiões posteriores. Ele era, então, considerado a melhor cabeça daquele círculo no qual era bastante ativo durante os dois anos anteriores à Primeira Guerra Mundial, por momentos como presidente da Associação Livre de Estudantes da Universidade de Berlim. Quando o conheci – no início de 1915, durante meu primeiro semestre, por ocasião de uma discussão sobre uma conferência de Kurt Hiller, que fez uma denúncia apaixonadamente racionalista da História – ele havia se afastado de seu círculo anterior. Nos anos de 1915 e 1926 quando, vivendo em quase completa reclusão, ele seguia seus estudos dando os primeiros passos para colocar-se em evidência, estive muito em contato com ele e passei a maior parte daquele tempo, especialmente 1918 e 1919, na Suíça, juntamente com ele. O judaísmo e a discussão sobre ele ocuparam posição de destaque em nosso relacionamento. Entre 1916 e 1930, Benjamin considerou várias vezes em várias ocasiões e nas mais diferentes situações se não deixaria a Europa e iria à Palestina. Com efeito, ele nunca ultrapassou os esforços e preparativos iniciais, e isto, estou convencido, não foi por acidente. No final do verão de 1923, eu mesmo fui para Jerusalém. Nos anos seguintes ele embarcou numa tentativa – de início hesitante, depois, especialmente desde 1930, com crescente determinação – de absorver o materialismo histórico em seu sistema de pensamento e fazer dele a base para sua produção literária. Durante esse período, houve apenas duas ocasiões, em Paris, onde passei dias ou mesmo semanas em sua companhia e tivemos discussões animadas, às vezes até tempestuosas, sobre a nova virada no seu pensamento, que eu não podia aprovar e considerei uma negação de sua verdadeira missão filosófica. Até sua morte, mantive com ele uma correspondência que, às vezes, era muito intensa e suas cartas estão entre meus bens mais valiosos. Assim, meu retrato sobre Walter Benjamin, embora a seu modo autêntico, sempre foi determinado por decisões pessoais.

Em sua juventude, seu caráter foi marcado por profunda tristeza. Lembro-me de um cartão postal que Kurt Hiller lhe enviou, repreendendo-lhe o caráter intranqüilo. Gostaria de supor que a profunda compreensão da natureza do pesar e sua manifestação literária, que domina tantas obras suas, se encontra ligada a esta característica. Ao mesmo tempo, ele mostrou, nos tempos de juventude, um elemento de radicalismo pessoal, um desrespeito pessoal, mesmo contrastando de modo estranho com a cortesia quase chinesa que geralmente caracterizava suas relações sociais. Quando o conheci, ele havia, com absoluta rudeza e sem compunção, rompido quase todas as relações com os amigos do movimento juvenil, porque eles haviam deixado de significar algo para ele. Com isto, ele feriu profundamente alguns de seus amigos, como pude atestar. Nas conversas, raramente mencionava tais assuntos. Sua conversa – ponto de encontro do humor e da seriedade – se revestia de extraordinária intensidade. Nela, seu pensamento investigava profundamente, procurando cada vez declarações mais precisas. O que, realmente, significa pensar aprendi a conhecer através de seu exemplo vivo. Ao mesmo tempo ele dominava, sem esforço, felizes metáforas e figuras extraordinárias saturadas de significado, mas sempre diretas e pertinentes. Diante de visões inesperadas, ele se encontrava completamente livre de preconceitos e procurava iluminar seu sentido ou lugar num contexto mais amplo de ângulos inesperados. Esta maneira de pensar não-dogmática contrastava com a pronunciada defesa ao julgar as pessoas.

Sua paixão pessoal mais duradoura foi colecionar livros. Nele o autor e o colecionador estavam combinados com rara perfeição, e tal paixão adicionava uma pitada de alegria à sua natureza um tanto melancólica. Um ensaio publicado em *Schriften*, " Ich packemeine Bibliothekaus" ["Desfazendo Minha Biblioteca"], exibe muito bem esta alegria. Lemos aí a frase inspirada por Jean-Paul: "De todos os métodos de adquirir livros o considerado mais respeitável é escrevê-los", enquanto "entre os meios usuais de aquisição, o mais refinado para os colecionadores [é] o de pedir emprestado sem a subseqüente devolução". Sua própria biblioteca, que conheci muito bem, espelhava claramente sua personalidade complexa. As obras-primas, que muito significavam para ele, encontravam-se colocadas em disposição altamente barroca, perto de livros pouco comuns e excêntricos, que ele – não só como antiquário, mas como filósofo – não amava menos. Duas seções desta coleção permaneceram mais vivamente na minha mémória: livros de autores mentalmente perturbados e livros infantis. O "sistema de mundo" dos mentalmente perturbados, que ele havia reunido a partir de não sei que fonte, proporcionou-lhe material para as mais profundas reflexões filosóficas sobre a arquitetura de sistemas em geral e sobre a natureza das associações que nutrem o pensamento e a imaginação igualmente dos que são mentalmente saudáveis.

Para ele, porém, o mundo dos livros infantis tinha maior importância. Uma das características mais importantes de Benjamin é o fato de, durante toda sua vida, ter sido atraído com forças quase mágicas pelo mundo e pelo modo de ser das crianças. Este mundo foi um dos temas persistentes e recorrentes de suas reflexões e, na verdade, os escritos sobre este tema estão entre suas obras mais perfeitas. (Somente alguns deles estão incluídos em seus *Schriften*.) Há as páginas encantadoras a respeito do tema no seu volume de aforismos *Einbahnstrasse* (*Rua de Mão Única*), em que se encontram as mais belas passagens já escritas sobre selos postais; há ensaios não menos importantes sobre exposições de livros infantis e assuntos relacionados, obras dedicadas ao ainda deformado mundo da criança e sua imaginação criativa, que o metafísico descreve com assombro reverente e ao mesmo tempo procura penetrar conceptualmente.

Passagens mais extensas sobre este tema ocorrem muito freqüentemente em suas outras obras. Para Benjamin a obra de Proust marca o ponto onde o mundo dos adultos e o das crianças se fundem de modo mais perfeito e de acordo com um dos pontos cardeais de seu interesse filosófico. Finalmente, esta fascinação encontrou uma saída nas recordações de sua própria infância que ele registrou na primeira metade dos anos 30 sob o título *Berliner Kindheit un Neunzehnhundert* (*Infância em Berlim por volta de 1900*). Grande parte desta obra, nesta época, apareceu na *Frankfurter Zeitung*, sob a forma de peças separadas, que somente foram publicadas como obra completa, como se concebeu originalmente, depois da Segunda Guerra Mundial. Aqui a poesia e a realidade tornam-se uma só. Freqüentemente se afirmou que Schelling, o filósofo, no ápice de suas forças criativas escreveu *Nachtwachen* (*Vigílias Noturnas*), uma das obras românticas mais importantes em prosa, sob o pseudônimo de "Boaventura". Não se tem certeza se isto está correto. Se fosse, seria o paralelo mais preciso ao livro de Benjamin, escrito numa prosa que combina limpidez cristalina a um contínuo movimento profundo e parecer relaxado e ao mesmo tempo completamente resistente, uma prosa que somente poderia ter sido concebida na mente de um filósofo que se tornou um contador de histórias. "A narrativa filosófica" era o ideal de Schelling. Neste livro de Benjamin ela foi atingida de forma jamais sonhada. O filósofo e seu ponto de vista estão presentes atrás de cada uma dessas peças, mas, sob a contemplação da memória, sua filosofia se transmuta em poesia. Benjamin, que não tinha muitos atributos de um patriota alemão, nutria um profundo amor por Berlim. Como criança judia, cujos antepassados se haviam instalado nas regiões de Mark Brandenburg, Renânia e Prússia Oriental, ele vivenciou sua cidade natal. Em sua descrição, o pavimento de pedra da cidade e suas esquinas escondidas, que se revelam diante dos olhos infantis, transformam-se em uma ilha provinciana no coração da metrópole. "Na minha infância fui prisioneiro do velho e do novo Oriente. Meu clã ocupou dois quartos da cidade, naquela época, numa atitude em que se mesclavam o desafio e a presunção. Esta atitude transformava os dois distritos em um gueto que o clã olhava como seu feudo." Como uma criança desse gueto dourado, em sua fantasia, explora o seu comprimento e a sua largura, como ela faz brilhar a luz de sua imaginação em todos os cantos como se fosse o universo da criança, isto Benjamin, trinta anos mais tarde, tornou vivo na lembrança.

As coisas pequenas atraíam-no mais. Criar ou descobrir perfeição na pequena ou na menor escala era um dos seus impulsos mais fortes. Autores como J. P. Hebel ou o contista hebreu S. J. Agnon, que atingiam a perfeição em histórias curtas, sempre o encantaram. Que o maior se revela no menor, que "Deus mora no pormenor", como Aby Warburg costumava dizer, estas eram para ele as verdades fundamentais de várias maneiras. Esta inclinação empresta nota especial ao seu volume *Rua de Mão Única*. Pois o que importa aqui não é a forma aforística, mas a intenção subentendida: apresentar em breves ditos literários algo completo em si mesmo. Esta mesma característica manifestava-se em sua caligrafia, que refletia uma tendência profunda para a pequenez, sem, contudo, haver o menor sacrifício na nitidez ou na precisão em seus caracteres tão miúdos.

Uma ambição sua nunca realizada foi a de colocar umas cem linhas numa folha normal de papel de carta. Em agosto de 1927, carregou-me ao Museu Cluny, em Paris, onde, em uma coleção de objetos do ritual judaico, mostrou-me, com verdadeiro arrebatamento, dois grãos de trigo em que uma alma irmã havia inscrito o *Schemá Israel* completo.

II

Nos anos que haviam decorrido desde a publicação dos *Schriften*, muito se tem escrito sobre Benjamin; algumas coisas tolas e mesquinhas. Ele tinha muito de enigmático e insondável em sua estrutura mental para não provocar tais fatos. E os mal-entendidos de seus críticos teriam, certamente, sido uma fonte de diversão para ele que, mesmo nas horas mais brilhantes, nunca abandonou sua postura de pensador esotérico. Muito corretamente, Adorno afirmou sobre ele: "O que Benjamin dizia ou escrevia soava como se tivesse nascido do mistério; sua força derivava da evidência".

A aura peculiar da autoridade emanando deste pensamento, embora nunca invocada explicitamente, tendia a incitar a contradição, enquanto a rejeição de qualquer aproximação sistemática em toda a sua obra publicada depois de 1922 – uma rejeição que ele mesmo proclamava corajosamente – encobria o centro de sua personalidade da vista de muitos.

No entanto, este centro pode ser claramente definido. Benjamin foi um filósofo. Ele o foi em todas as fases e em todas as formas de sua atividade. Aparentemente, ele escrevia, na maioria das vezes, sobre temas da literatura e da arte, freqüentemente também sobre fenômenos na fronteira entre a literatura e a política, mas raramente sobre matérias convencionalmente consideradas e aceitas como temas de filosofia pura. Mas em todos estes domínios o que o move é a experiência do filósofo. Experiência filosófica do mundo e de sua realidade – isto é o que significa a palavra metafísica e é neste sentido que é usada por Benjamin. Ele foi, na verdade, um metafísico, diria eu: um metafísico puro e simples. Ele admitia que na sua geração o gênio de um metafísico puro poderia expressar-se mais prontamente em outras esferas, qualquer outra esfera que aquelas tradicionalmente designadas para a metafísica e precisamente esta foi uma das experiências que ajudou a moldar sua individualidade e originalidade. Ele era atraído mais e mais – e nisto se opunha a Georg Simmel, com o qual tinha pouco em comum – por temas que pareceriam ter pouca ou nenhuma relação com a metafísica. É uma marca especial do seu gênio que sob seu olhar cada um destes temas desvende uma dignidade, uma aura filosófica própria que ele se esforça para descrever.

Seu gênio metafísico fluía da qualidade de sua experiência relevante, sua abundante riqueza fértil de simbolismo. Foi este último aspecto de sua experiência, acredito, que reveste muitas de suas mais iluminadas afirmações com o caráter do oculto. Isto não surpreende. Benjamin foi um homem a quem não eram estranhas as experiências ocultas. Raramente elas aparecem em sua obra, em sua forma imediatamente improcessada. (Este é provavelmente o motivo pelo qual ele pôde recapturar o caráter oculto da experiência decisiva de Proust com precisão incomparável.) Na sua vida pessoal, incidentalmente, este traço encontrou expressão em um talento grafologicamente excepcional do qual fui testemunha em muitas circunstâncias (posteriormente ele procurou esconder este talento).

Mesmo onde ele trata de assuntos controvertidos de história literária e geral ou política, como ponto de partida, o olhar do metafísico penetra profundamente e revela no objetivo de seu discurso novas camadas banhadas por uma luz de radiação estranha. Em seus trabalhos anteriores ele parece descrever a configuração de tais camadas como se estivesse escrevendo um ditado, enquanto, mais tarde, nesta proximidade dá lugar a uma compreensão cada vez mais precisa da tensão e do impulso dialético em atividade em seus temas. Aspectos inteiramente inesperados procedem dos elementos mais simples; a vida recôndita e mais íntima de seus temas fica clara para ele. Seu pensamento discursivo demonstra grande mordacidade, como aparece, por exemplo, em seu primeiro livro sobre o conceito da crítica na arte entre os primeiros românticos alemães. Na maior parte de sua obra, contudo, este elemento discursivo de estrita exposição conceitual ocupa plano secundário em relação ao método descritivo pelo qual ele tenta deixar a experiência falar. É este método descritivo que parece tão raramente revelar-lhe os temas que reveste, mesmo trabalhos curtos e ensaios, de um caráter ao mesmo tempo fragmentário e final.

Quando digo que Benjamin é um autor difícil, disse pouco. Seus trabalhos maiores exigem do leitor um grau inusitado de concentração. Seu pensamento era muito condensado e inexorável na freqüentemente excessiva brevidade da exposição. Assim, estes trabalhos, se assim o posso dizer, precisam ser meditados. Ao mesmo tempo eles estão escritos em uma prosa magistral de rara incandescência. O trabalho sobre as *Wahlverwandtschaften* (*Afinidades Eletivas*), que levavam Hofmannsthal ao entusiasmo, combina de modo único, na estética, a maior elevação do estilo com o pensamento mais profundo. O mesmo aplica-se à última parte de seu livro *Trauerspiel*.

Paradoxalmente, muitas de suas obras menores – especialmente os ensaios em *Die Literarischen Welt*, em

Gesellschaft e na *Frankfurter Zeitung* são escritas com entusiasmo e felicidade de expressão que parece dissimular a profundidade de interpretação. Sua obra-prima neste gênero parece-me ser o ensaio sobre Gottfried Keller. Mas outros, como os ensaios sobre Johann Peter Hebel, Paul Scheerbart, Robert Walser, Nicolai Lesskow e Max Kommerell chegaram perto disto. Não se deve admirar que a combinação surtisse efeito, pulasse para a vida espontaneamente, por assim dizer, onde ele pudesse homenagear. Entre os letrados de sua própria geração no campo da história literária alemã, Benjamin só reconhecia um sem restrições, "apesar da diferença decisiva de sua própria visão (como marxista?) da do autor". E não era um marxista como Georg Luckács ou algum autor "de esquerda", mas um homem do campo oposto. Era Max Kommerell, alguns anos mais jovem, que se havia afastado da escola de Georg e a quem, mais tarde, ironicamente, se conferiu a *Venia legendi* em literatura alemã na Universidade de Frankfurt, que havia sido negada a Benjamin no seu primeiro e único convite para uma posição acadêmica. Ele admirava em Max as qualidades que ele possuía em mais alto grau, embora fizesse uso delas de modo muito diferente: "O domínio da descrição fisiognomônica e o raio da ação dinâmica de seu conhecimento que avaliava não só os caracteres, mas também, e acima de tudo, as constelações históricas em que eles se defrontavam".

Seu gênio metafísico dominava seus escritos, desde os inéditos *Metaphysik der Jugend* (*A Metafísica da Juventude*), que ele escreveu em 1913 aos 21 anos, até as *Geschichtsphilosophischen Thesen* (*Teses sobre a Filosofia da História*) de 1940, sua obra mais recente. Manifesta-se especialmente em duas esferas que cada vez mais permeiam sua obra: a filosofia da linguagem e a filosofia da história. Uma o conduzia sempre mais fortemente à análise crítica literária; a outra mais fortemente para a análise crítica social. No entanto, sempre é o filósofo que fala de modo inequívoco e inconfundível. Por cerca de dez anos ele preservou o conceito do sistema filosófico como a forma apropriada para a filosofia, atrás da qual ele próprio estava tateando. A influência de Kant sobre ele foi constante, mesmo onde – como no recentemente publicado *Programm der kommenden Philosophie* – ele, apaixonadamente, desafia a validade da experiência expressa nessa filosofia. Ele esperava que uma experiência de riqueza infinitamente maior ainda teria de ser ajustada àquilo que era, basicamente, o parâmetro de referência de Kant; mas este ideal de sistema, refletindo os cânones tradicionais da filosofia, foi corroído e, eventualmente, destruído em sua mente por um ceticismo que se originava, em proporções iguais, do estudo dos sistemas neokantistas e de sua própria experiência específica.

Margarete Susman referiu-se a um "êxodo da filosofia" que, dizia-se, teria ocorrido na Alemanha depois da Primeira Guerra Mundial e que teria conduzido a um modo de pensar completamente novo. Ela queria referir-se, julgando-se a partir de seus exemplos, à tendência de mudar-se do idealismo para o existencialismo e a teologia. Poucos homens tornaram mais nítida a ilustração deste êxodo que Walter Benjamin, que abandonou a filosofia sistemática para dedicar-se ao comentário das grandes obras, tarefa que – naquela época ainda com orientação teológica – lhe pareceu um trampolim para o comentário de textos sagrados. Este objetivo, embora claramente considerado, nunca foi alcançado: o provisório permaneceu o sempre mutante e ao mesmo tempo duradouro campo de sua produtividade. E o método do comentário determinou sua forma filosófica. Com a liquidação da força propulsora do sistema, a dialética desabrocha de seus comentários, dialética esta que procura registrar o movimento intrínseco de cada objeto de contemplação no seu lugar histórico específico. Na verdade, tudo ainda se encontra sob *um único* olhar, mas as peças separadas não podem mais coexistir num sistema unificado, que, a seus olhos, se tornava cada vez mais suspeito de brutalidade.

Os temas de seus trabalhos tornam-se agora de criticismo literário. Naturalmente, os escritos de Benjamin sobre literatura são diferentes e contêm os ingredientes usuais deste gênero. Raramente suas análises e reflexões são literárias no sentido convencional de serem concernentes à estrutura e ao valor de uma obra importante. São quase invariavelmente investigações filosóficas de sua específica e, em particular, histórica aura, usando um conceito que freqüentemente ocorre em seus escritos, visto de muitos ângulos diferentes. Cada um de seus trabalhos descreve, de certo modo, toda uma filosofia sobre seu tema. Torna-se claro com isto que o filósofo, tendo-se colocado a tarefa de interpretar e investigar as profundezas das grandes obras da literatura – a seus olhos, incidentalmente, a grandeza não coincidia sempre com a celebridade pública –, não capitulava diante dos métodos da história literária que ele reconhecia como mais que duvidosos, mas trabalhava, todo tempo, com a herança da inspiração filosófica que nunca o havia abandonado. Ele se encontrava num momento de grande inspiração quando sentiu o apelo de um impulso afim ou de uma inspiração próxima – em nenhum lugar mais que nos casos de Marcel Proust e Franz Kafka, a quem ele devotou anos de investigação intensa e de recordação. Em tais casos não havia, virtualmente, limites para a excessiva riqueza metafísica com que ele reconstruía a singular situação histórica que via refletida nestes trabalhos, manifestando sua grande singularidade uma completa universalidade. É quase sempre esta combinação da visão histórico-filosófica com uma consciência clara e altamente articulada dos valores artísticos das obras que torna seus ensaios – e, algumas vezes, principalmente os mais curtos entre eles – verdadeiras obras-primas. O que, de fato, constituía a fantasia dos autores – embora, de fato, ela fosse por eles dominada, mais do que dominadora – e como a fonte de sua imaginação estava ligada em cada caso com a tensão característica do ambiente histórico e social que determinava sua produção? Estas eram as perguntas que o fascinavam.

Para Benjamin, místicos e satíricos, humanistas e líricos, eruditos e monomaníacos são igualmente merecedores de estudos filosóficos em profundidade. Imperceptivelmente, nisto ocorre a transferência do profano ao teológico, pois ele sente precisamente o contorno da substância teológica mesmo quando ela parece totalmente dissolvida no mundo inteiramente secular. E mesmo quando pensa poder, com sucesso, servir-se do método materialista, não fecha os olhos para aquilo que havia percebido com a máxima clareza. Atrás de toda a renúncia ao sistema, também onde o pensamento se tenha apresentado como o de um fragmentista, ainda permanece uma tendência sistemática. Ele costumava dizer que toda grande obra necessitava de sua própria epistemologia, do mesmo modo que tinha sua própria metafísica. Esta tendência construtiva em seu modo de pensar – construtiva mesmo quando aplicada a fatos ou fenômenos destrutivos – também determina seu estilo. Meticulosamente aguçado, com um brilho contemplativo que recusa a mais leve concessão à prosa expressionista da moda daqueles anos, este estilo está profundamente incrustado nos processos de uma mente que luta pela ordem e coesão. Os "textos" de Benjamin são o que a palavra "tecedura" quer dizer em seu sentido pleno. Embora na juventude ele tivesse estado em estreito contato pessoal com o nascente expressionismo, que comemorava, então, em Berlim seus primeiros triunfos, nunca capitulou. Em seus melhores trabalhos, a língua alemã alcançou tal perfeição que tira a respiração do leitor. Ela deve esta perfeição a uma muito rara combinação da mais elevada abstração com riqueza sensual e apresentação plástica, e assim carrega o signo de sua idéia sobre o conhecimento metafísico. De modo maravilhoso, sua linguagem, sem abandonar a profundidade da visão interna, ajusta-se cuidadosa e aconchegadamente ao tema de que trata e, ao mesmo tempo, entra em concorrência com a própria linguagem do tema da qual mantém distância precisa. Conheço poucos autores deste século cujos escritos incluam um número comparável de páginas de perfeição absoluta. A tensão entre a linguagem das análises ou interpretações de Benjamin e os textos em que estão baseadas é freqüentemente fantástica. O leitor – caso se possa usar um símile matemático – encontra-se entre duas classes infinitas reciprocamente relacionadas, embora não por correspondência unívoca. A perfeição da linguagem nas *Afinidades Eletivas* de Goethe ou nas páginas polêmicas de Karl Kraus é comparada ao tratamento dado por Benjamin a estas obras pela nova beleza na linguagem do intérprete, que parece provir de uma gravação angelical. Não há nenhum espanto que Hofmannsthal se achasse esmagado pelo trabalho sobre as *Afinidades Eletivas*; nenhum espanto que também Kraus, embora reconhecesse que o ensaio dedicado a ele era "bem-intencionado", não tenha compreendido uma só palavra.

Em seus mais belos trabalhos, a filosofia explicada e tornada transparente recua para uma linguagem da humanidade maravilhosamente concentrada e torna-se visível nas frases somente como uma aura. As maiores realizações de Benjamin neste sentido são: *Infância em Berlim por Volta de 1900* e as introduções às cartas do século XVIII e XIX (de 1783 a 1883), que ele havia colecionado e publicado sob um pseudônimo, em fins de 1936, durante a época de Hitler, no volume *Deutsche Menschen* que, em dedicatórias a amigos, ele descreveu como "uma arca que construí quando o dilúvio fascista começava a ascender". Este volume deveu seu inteiro anonimato – irradiando seu brilho para o interior, nunca chegando ao público – às circunstâncias grotescas de sua publicação por um esquecido editor suíço que logo depois faliu. Por muitos anos colecionadores pagaram altos preços por cópias de segunda mão do, alegadamente, livro perdido, até que – bem típico do destino da obra de Benjamin – a maior parte da edição original foi encontrada armazenada no porão de uma livraria em Lucerna, logo quando o livro havia sido publicado em 1962.

III

Por mais de dois anos Benjamin dedicou-se a conseguir uma habilitação como docente em literatura alemã moderna na Universidade de Frankfurt, a princípio encorajado pelo chefe do departamento, professor Franz Schultz, que, prontamente, se retirou logo que recebeu o trabalho, cobrindo sua retirada com polidas manobras. Ele e o chefe do Departamento de Estética, professor Hans Cornelius, reclamaram que não haviam entendido uma só palavra do trabalho. Rendendo-se a fortes pressões Benjamin, infelizmente, concordou em retirar o trabalho, que seria, seguramente, rejeitado. Ele já havia, então, perdido o elo com a Universidade e com o modo de ela organizar a atividade de estudo. Tendo-se obrigado a encarregar-se da experiência, o fracasso levou-o, embora as circunstâncias o devessem amargurar, a um suspiro de alívio que pode ser sentido em suas cartas. Ele sabia bem demais como e com que se joga nas disciplinas acadêmicas de filosofia e história literária. Com a retirada do trabalho, ele perdeu a oportunidade de publicá-lo com um prefácio que teria registrado para a posteridade a ignomínia da Universidade, que recusou o trabalho. Na verdade, pode-se dizer que este trabalho – publicado em 1928 –, sob o título de *Ursprung des deutschen Trauerspiels (Origem do Drama Barroco Alemão)*, pertence aos mais importantes e memoráveis trabalhos de habilitação submetidos a uma faculdade de filosofia. Sua rejeição, que colocou Benjamin, finalmente, no caminho dos escritores livres – ou melhor, dos *homme de lettres* – compelidos a ganhar a vida com a pena, foi um símbolo do estado da cultura literária e da mentalidade dos letrados durante o período de Weimar, ultimamente tão elogiado. Mesmo quando tudo havia terminado, muito tempo depois da Segunda Guerra Mundial, um representante muito instruído nesse ramo do conhecimento foi capaz de, sobre o malogro dessa experiência acadêmica, levar para o papel esta frase nefanda e insolente: "Não se pode habilitar o *Geist*. Correspondendo a este estado de coisas explica-se que o livro, quando publicado, tivesse encontrado um profundo silêncio e que, nos anos antes de Hitler, nenhuma revista especializada lhe tivesse concedido uma só linha.

Precisa-se dizer, naturalmente, que Benjamin não tornou as coisas fáceis para seus leitores. Ele prefaciou o livro com um capítulo sobre epistemologia em que as idéias filosóficas condutoras subjacentes à sua interpretação eram exibidas como um aviso aos leitores em vez de serem explicadas. Ele costumava dizer que seu lema secreto era: "Corra sobre paus e pedras, não quebre as pernas". Esta introdução sempre amedrontou muitos leitores. Ela se coloca na frente do livro como o anjo com a espada flamejante da razão absoluta nos portões do paraíso da palavra escrita. Benjamin guardava reservadamente pronta a receita para leitores potenciais: pular o capítulo e lê-lo ao final, mas ele não a fez pública e notória. Deste modo o silêncio dos especialistas, que, por anos, envolveu o livro como um pesado véu, é compreensível de certa forma.

É impossível dizer algo com poucas palavras sobre este livro imensamente rico, o único que Benjamin completou. Em sua investigação filosófica e como tal no dinâmico retrato da tragédia alemã do período barroco, seu principal objetivo era resgatar a reputação filosófica do gênero que era crítico não só para a tragédia, mas para o mundo do Barroco: o gênero da alegoria, cuja vida misteriosa ninguém melhor que Benjamin retomou instigadoramente nesta obra. Ele estava perfeitamente cônscio de que a tragédia alemã não poderia resistir a uma comparação com as formas perfeitas da tragédia barroca de Calderón ou Shakespeare. Mas, justamente a falta de polimento e a rudeza da construção das obras, assim se lhe afigurava, pareciam trazer à luz, muito claramente, a estrutura e a ação recíproca das idéias motrizes atuando nelas. O que ostensivamente era planejado como continuação ou imitação da tragédia clássica, com raízes no mundo da mitologia, aqui se reconhece como sua contra-imagem, decisivamente determinada por padrões espirituais totalmente diferentes. Benjamin encarregou-se de mostrar como as idéias estéticas estão intimamente ligadas aos gêneros teológicos. Seu objetivo era revelar a vida interior, o movimento dialético nos conceitos fundamentais do mundo da alegoria barroca, na verdade, para reconstruí-la a partir dessa dialética. O fato de ele ter alcançado este objetivo deveu-se, talvez, ao modo especial em que aqui a filosofia da linguagem e a filosofia da história, embora dialeticamente dissociadas, se encontram fundidas em sua atitude metafísica que se ligava aos impulsos mais férteis de seu pensamento.

Em seus trabalhos posteriores, o método materialista, embora ele o aplique sutil e (se posso dizê-lo) hereticamente, de algum modo impõe-se entre sua intuição e a exposição conceitual, e, do mesmo modo, esta união torna-se novamente problemática. Ele procurou identificar sua dialética – a dialética de um metafísico e teólogo – com a dialética materialista e pagou por isto um preço alto, diria eu, um preço muito alto. Sobre esses trabalhos que Benjamin concebeu sob a égide do materialismo histórico, um crítico disse que, em todo caso, sua interpretação da doutrina foi "tão brilhante e voluntariosa que evita o enfado característico usualmente produzido pela aplicação estúpida desse sistema da história literária, em particular". Há uma boa razão, naturalmente, para esta obstinação, para este traço idiossincrático em seu materialismo. Para Benjamin, a abordagem do materialismo histórico era um método heurístico que tinha de ser verificado diante dos resultados, sempre para ver até onde chegaríamos com ele, a sério, mas que, ao menos, oferecia alguma promessa para uma saída da evidente falência da cultura literária burguesa. De seu ponto de vista, então, seria também uma experiência em grande escala trabalhar com este método, que ele esperava poder expressar do melhor modo possível suas opiniões dialéticas.

Agora, pode-se dizer, talvez, que, nos últimos quarenta anos, intermináveis discussões se haviam travado sobre o que, finalmente, seria o materialismo histórico ou o método marxista, e que se colocaram tantas interpretações tão infinitamente diferentes que, hoje, elas podem abranger quase tudo. Daquilo que Benjamin chamava de "análises inábeis" de Kautsky e Mehring em *Der Neuen Zeit*, o caminho conduz, um pouco tortuosamente, a modos de raciocinar em que o próprio marxismo se encontra, de novo, tão profundamente incrustado no mundo do pensamento hegeliano, de onde se originou, que as diferenças se tornam problemáticas. Poder-se-ia argumentar que esta é a posição de Benjamin. Mas não creio que seja. Na verdade, a peculiar obstinação do materialismo de Benjamin deriva da discrepância entre o seu real modo de pensamento e a matéria que ele ostensivamente adotou. Suas opiniões são, *grosso modo*, essenciais; ainda as do metafísico que, é verdade, desenvolveu uma dialética da inquirição, que se encontra imensamente longe da dialética materialista. Suas opiniões são as de um teólogo abandonado no reino profano. Mas elas não aparecem mais simplesmente como tais. Benjamin as traduz para a linguagem do materialismo histórico. Algumas vezes a tradução acontece num relampejar e, então, ela é boa e serve a seu propósito. Outras vezes, porém, ela é levada a cabo com muito trabalho e consciência. Opiniões profundas do filósofo da história e do crítico da sociedade, que provêm de seu próprio modo de pensar inteiramente metafísico, aparecem, assim, com disfarce materialista. Certamente, não encontrei evidência de que tais opiniões tivessem brotado do uso do próprio método materialista, ao menos

nos seus mais admiráveis trabalhos do último período. Isto produz a força e a fraqueza desses trabalhos. Sua força, porque a inquebrável fertilidade de sua intuição se revela ainda nos temas de sua inquirição e, assim, parece envolver a aproximação do materialismo com muita profundidade e uma riqueza interminável. Sua fraqueza, porque seu talento tende a abandonar sua essência nesta transplantação, e isto traz um elemento algo sombrio e ambíguo a alguns de seus trabalhos. Não é difícil distinguir entre este método e as opiniões amoldadas a ele. Assim o proveito que o leitor crítico obtém é ainda enorme. No entanto, parece-me que, inegavelmente, há algo desarticulado em tais trabalhos como resultado desta contradição.

Porém, quando ele permitia que sua intuição fluísse livremente, sem ser forçada ao molde materialista, Benjamin pôde, mesmo mais tarde, produzir trabalhos de força compulsora e beleza íntegra sem que uma única nota falsa se imiscuísse. Isto se demonstra em alguns de seus últimos ensaios, em primeiro lugar entre eles *Der Erzähler* (reflexões sobre a obra do contista russo Nikolai Lesskow) – páginas que, em seu gênero, são insuperáveis – e o seu grande ensaio sobre Franz Kafka. Em contraste há dois grandes trabalhos dos últimos cinco anos de sua vida que concretizam os mais valiosos resultados de sua tentativa de amarrar o pensamento, com absoluta intensidade, aos gêneros materialistas e estabelecer a afinidade, na verdade a identidade, dos dois mundos. São: "Das Kunstwerk in Zeitalter seiner technischen Reproduzierbarkeit" ("A Obra de Arte na Época de sua Reprodutabilidade Técnica") e "Uber einige Motive bei Baudelaire" ("Sobre Alguns Temas em Baudelaire"). O primeiro trabalho só se achava disponível em uma tradução francesa, que apresentava enormes barreiras para a compreensão, até que o texto alemão se tornou finalmente acessível em 1955. Este ensaio – que André Malraux havia usado amplamente para sua filosofia da arte – representa uma das contribuições mais importantes da última geração para a filosofia da arte, e pode-se, com segurança, esperar que ela persista com poderosa influência. E ainda assim, mesmo no magnífico projeto daquilo que Benjamin considerava a primeira teoria materialista da arte séria, o leitor fica chocado com a discrepância entre as duas partes.

A primeira parte traz um conceito vindo da tradição mística, que na sua *Aura*, que perdurou por muitos anos no pensamento de Benjamin, em diferentes interpretações, representou papel muito importante. Ela oferece uma interpretação metafísico-filosófica dependendo do conceito da *Aura* do trabalho artístico – definido por ele como "uma singular manifestação de uma distância, por mais perto que ela possa estar" – e de sua perda no processo fotomecânico de reprodução. Esta parte está entulhada com descobertas excitantes e iluminações dos problemas da filosofia da arte que ele foi o primeiro a perceber. Ela repousa sobre um conceito puramente metafísico. Contrastando com isto temos a segunda parte, na qual Benjamin tentou desenvolver, a partir dos gêneros marxistas, o que estou inclinado a descrever como uma encantadoramente falsa filosofia do cinema como a verdadeira revolucionária forma de arte. Tendo como base a arte de Chaplin, ele analisa a realidade e a possibilidade utópica do cinema com sua promessa de infinita felicidade.

Benjamin colocava as mais elevadas esperanças históricas no cinema como forma de arte apropriada ao proletariado. Em uma longa e apaixonada conversa sobre este trabalho, que tive com ele em 1938, disse em resposta às minhas objeções: "O elo filosófico perdido entre as duas partes do meu trabalho reclamado por você será suprido, com mais eficácia, pela Revolução do que por mim".

Eu diria que a sua fé marxista possuía um pingo de ingenuidade que era completamente alheio a seu pensar. Este pensamento emerge mais uma vez, em seu pleno desdobramento no trabalho sobre Baudelaire. Nesta peça do planejado livro, a problemática aqui discutida eclode quase desnuda em suas partes mais esplêndidas, a dedução da situação histórico-filosófica de Baudelaire, um dos autores favoritos de Benjamin.

Mesmo como materialista-histórico, Benjamin, apenas com uma exceção, ocupa-se somente com os assim chamados "reacionários", autores como Proust, Julien Green, Jouhandeau, Gide, Baudelaire e George. A exceção é Brecht, que exerceu sobre Benjamin, durante anos, inquebrantável fascinação. Brecht era o único autor em que ele podia observar o processo criativo de um grande poeta. Ele tinha muito em comum com Brecht, de início, fortemente anarquista com pinceladas de comunismo. Embora o primeiro impulso não tivesse vindo de Brecht, foi, indubitavelmente, sua influência que fez com que Benjamin tentasse seriamente absorver o materialismo histórico no seu pensamento e trabalho ou mesmo enquadrar todo seu pensamento e trabalho dentro da moldura do materialismo histórico. Dos dois Brecht era o mais duro e deixou uma marca profunda na natureza mais sensível de Benjamin, que não tinha nada de atleta. Que isto tenha revertido, de algum modo, para o bem de Benjamin, não me atrevo a constatar. Pelo contrário, eu diria ter sido a influência de Brecht na produção de Benjamin nestes trinta anos funesta e, em alguns aspectos, catastrófica.

De 1927 em diante, Benjamin trabalhou, à parte de seus escritos publicados, em um plano para um outro livro no qual ele pretendia fundir e ao mesmo tempo testar sua intuição poética e histórico-filosófica com um tema da mais alta ordem.

O projeto sofreu muitas transformações. Começou como um ensaio sobre *Passagens Parisienses* – passagens datadas de meados do século XIX emolduradas por lojas e cafés, tornando-se uma característica da metrópole. Mas o tema expandiu-se cada vez mais numa obra histórico-filosófica, para a qual ele, finalmente, escolheu o título *Paris – Hauptstadt des 19. Jahrhunderts* (*Paris, Capital do Século XIX*). O livro nunca foi terminado e por isto pode-se responsabilizar tanto suas precárias circunstâncias materiais, que não lhe deixavam tempo suficiente para a meditação no seu tema ou para sua execução final, como seu desenvolvimento interior, que o conduziu até um ponto em que o projeto lhe aparecia como uma aventura autoliquidadora. Aqui, na verdade, a filosofia da história e filosofia da língua se uniram com tal finalidade e irrefutabilidade que os comentários do filósofo se tornaram redundantes. Finalmente, permaneceu como forma ideal do trabalho – irrealizado e inacabado e, presumivelmente, interminável – uma montagem de citações da literatura do período que deveria resumir a análise metafísica do marxismo, que havia agora retornado às suas fontes. Assim o trabalho foi planejado como um lúcido paradoxo para o sentido profundo do livro sobre a tragédia.

Impraticável como o projeto provou ser no fim, devemos aos incessantes esforços de Benjamin, nestes longos anos, um grande número de planos e manuscritos concluídos, de extensão variada sobre temas que lhe eram mais próximos ou mais distantes. Alguns dos mais importantes foram publicados nessa época na *Zeitschrift für Sozialforschung* e alguns outros mais tarde a partir de seus escritos póstumos. Os esboços e os escritos das fontes para seu livro sobre as galerias parisienses foram encontrados entre estes valiosos escritos póstumos, que – diferentemente de seu autor – sobreviveram aos agitados anos de guerra na França, escondidos na Biblioteca Nacional, e têm ainda muito a contribuir para uma melhor apreciação de seu modo de pensar.

IV

Há profunda diferença entre a maioria dos autores judeus que se tornaram famosos na literatura alemã e um pequeno grupo entre eles do mais alto gabarito.

Para os do primeiro grupo – incluindo na última geração escritores como Arthur Schnitzler, Jakob Wassermann, Franz Werfel, Stefan Zweig – é inquestionável o fato de pertencerem tanto à cultura e tradição alemã como ao povo alemão. Isto foi uma apavorante e trágica ilusão. Berthold Auerbach, um dos primeiros autores deste tipo, no fim de sua vida e no começo do movimento anti-semítico de Stöcker, resumiu-a em palavras que se tornaram famosas, embora, ai de mim, tivessem sido proferidas no vazio: "Em vão vivi, em vão sofri".

Somente alguns poucos entre as cabeças pensantes judaicas de fala alemã de primeira ordem não sucumbiram a essa ilusão. Freud, Kafka e Benjamin pertencem a esses poucos. Eles esquivaram-se da fraseologia alemã, mesmo da frase "nós alemães", quase durante todo o período produtivo de suas vidas e escreveram plenamente conscientes da distância entre eles, como judeus, e seus leitores alemães. Eles são os mais diferenciados entre os assim chamados autores judeu-alemães e tanto suas vidas testemunham essa distância, seu *pathos* e sua qualidade criativa ou potencialidade, como seus escritos nos quais se fala raramente ou nunca de judaísmo. Eles não se iludem. Sabem que são escritores alemães, mas não são alemães. Eles jamais esqueceram essa experiência de serem estranhos, mesmo nos exílios, que a maior parte de outros autores da elite judeu-alemã tentou negar com tanta seriedade e ardor e, mesmo assim, com completa falta de sucesso. Mesmo sabendo estar amarrados à língua alemã e sua vida intelectual, nunca sucumbiram à ilusão de estar em casa, ilusão, é verdade, contra a qual eles estavam armados por específicas experiências pessoais (embora elas não tivessem servido para nada em outros casos). Não sei se estes homens se sentiriam em casa na terra de Israel. Duvido muito. Eles eram, no mais verdadeiro sentido da palavra, estrangeiros e sabiam-no.

Benjamin, indubitavelmente, tinha suas peculiaridades. Perguntaram-me, algumas vezes, se sua ligação com o judaísmo não seria, talvez, um desses maneirismos aos quais ele se agarrava persistentemente. Mas não é o caso. A 25 de maio de 1925, logo depois de o mundo da dialética marxista ter aparecido no seu campo visual, disse numa carta que duas experiências cruciais seriam decisivas para ele: o contato com a política marxista (ele, na época, não dava muita importância à teoria marxista) e com o hebraico. Esta frase é uma chave para a compreensão de Benjamin, pois, justamente, ele nunca vivenciou estas duas experiências. É uma declaração profunda e autenticamente reveladora numa questão em que minha própria experiência pessoal, que, em todo o caso, é quase incomunicável de modo convincente, poderia ser achada ineficaz.

Quando perguntamos pelo elemento judaico neste homem e em sua produção, está inteiramente adequado à obstinação e à complexidade de Walter Benjamin que o judaísmo, do qual ele estava muito consciente como raiz do seu ser e também freqüentemente como objetivo de seu pensamento, estaria presente somente em sugestões em sua obra, naturalmente em lugares bem visíveis, como por exemplo no prospecto para o jornal por ele projetado, *Angelus Novus*, ou nas teses sobre a filosofia da história, seu último trabalho. Mas há muito mais atrás disto.

Nos anos de seus estudos mais absortos, durante e imediatamente após a Primeira Guerra Mundial, o fenômeno do judaísmo ocupou-o muito. Ele lia esporadicamente muito sobre o tema. Quando lhe contei em 1916 que a *Philosophie der Geschichte, oder über die Tradition* (*A Filosofia da História ou Reflexões sobre a Tradição*), obra grande de quatro volumes sobre a cabala por Franz Molitor –, publicada há sessenta ou oitenta anos, se encontrava surpreendentemente ainda disponível na editora, foi uma das primeiras obras sobre o judaísmo que ele adquiriu. Por muitos anos ela ocupou um lugar de honra em sua biblioteca. Benjamin, como provam muitos de seus escritos, um leitor apaixonado da *Estrela da Redenção* de Franz Rosenzweig – o trabalho mais original da teologia judaica de nossa geração –, vivenciou aí como também nos escritos cabalísticos a profunda ligação do genuíno pensamento teológico judaico à língua que se tornou um traço marcante de seu próprio trabalho. Em cartas e conversas ele retornava freqüentemente às questões judaicas e, embora enfatizasse fortemente sua própria ignorância factual, ainda freqüentemente as aproximaria com sua implacável intensidade e se aprofundaria nos problemas judaicos de um modo que lhe dizia respeito pessoal e fundamentalmente. Muitas cartas suas são testemunhas marcantes deste interesse.

No outono de 1916, Benjamin escreveu a um de seus correspondentes, a quem ele, na maioria das vezes, expunha seus pontos de vista sobre questões literárias. Juntamente com algumas observações sobre Rudolf Borchardt, que havia tentado tão firmemente apagar sua origem judaica –, Benjamin escreveu uma epístola muito entusiástica sobre o judaísmo. Ele havia, então, lido Achad Haam, cujo ensaio *Die Thora im Herzen* (*Com a Torá no Coração*) o tinha impressionado muito. Benjamin até colocou como incerto se ele próprio, depois da guerra, não iria para a Palestina. Seu correspondente, também judeu, escreveu-lhe em dezembro de 1916 que ele havia ficado surpreso com a profissão de fé de Benjamin do judaísmo, e não poderia explicar tal fato a não ser através da influência de uma mulher. Ainda posso ver sua piscadela matreira ao ler-me a carta. De fato, ele estava prestes a casar-se então, o que seu correspondente não sabia, com a filha de um pioneiro muito conhecido do movimento sionista, Professor Leon Kellner, o editor dos escritos sionistas e diários de Theodor Herzl. Esta jovem, naturalmente, encorajou sua consciência judaica, mas não conseguiu influenciá-la profundamente. Por outro lado, é verdade que a aproximação do segundo grande tema, ao qual ele queria dedicar sua experiência, à política revolucionária marxista se deu, palpavelmente, sob a influência de uma mulher.

O "pensamento teológico" de Benjamin, tendência marcante de sua juventude que impressionava todos que entravam em contato direto com ele então – eu quase diria instintivamente –, estava dirigido para os conceitos judaicos. Idéias cristãs jamais o atraíram. Na verdade, ele não disfarçava a antipatia pelo neocatolicismo, que, então, grassava entre os intelectuais judeus na Alemanha e na França.

Duas categorias, sobremaneira, assumem sempre em seus escritos um lugar central e, como eu dizia, principalmente, nos escritos judaicos: por um lado a Revelação, a idéia da Torá e de textos sagrados, em geral, e do outro lado, a idéia messiânica e a Redenção. O significado que elas possuíam como idéias reguladoras de seu pensamento merecedoras de uma análise profunda não pode ser superestimado.

Repetidamente encontram-se em seus escritos, na verdade, freqüentemente, nos lugares mais inesperados, uma preocupação central do seu pensamento em relação ao problema dos textos sacros e assim na maioria de seus escritos sobre a filosofia da linguagem, no ensaio "Die Aufgabe des Übersetzers" ("A Tarefa do Tradutor"), no livro sobre a tragédia alemã, mas também em suas observações sobre a imaginação verbal das crianças, quando ele diz que "frases que uma criança forma de palavras (dadas anteriormente) num jogo têm mais afinidade com os textos sagrados que a linguagem coloquial dos adultos". Por muitos anos, ele considerou o confronto com os textos sagrados da tradição hebraica como a experiência literária crucial de que ele necessitava para chegar realmente ao próprio estilo. Nunca me esquecerei da maneira soberba com a qual ele declarou seu comprometimento com sua futura tarefa de comentador de textos judaicos numa grande conversa – da qual fui testemunha – com o Dr. Judah Magnes, o chanceler da nascente Universidade Hebraica de Jerusalém, em Paris, em agosto de 1927, quando ele considerava a idéia de preparar-se para uma tarefa docente nessa universidade. Temos, porém, de sua pena um só exemplo de tal confronto com a Bíblia. (Benjamin não era um grande admirador da tradução da Bíblia de Buber, mas um leitor entusiasmado da velha tradução de Zunz, cuja austeridade o impressionava profundamente.) Estas são as páginas que ele, em 1916 e 1917, dedicou aos três primeiros capítulos do Gênesis sobre a natureza da língua, páginas estas de rara concentração e beleza.

É necessário enfatizar que mais tarde, quando ele se havia voltado para o materialismo histórico, das duas categorias da Revelação e Redenção somente a última foi preservada *expressis verbis*, mas não a primeira, embora ela estivesse estreitamente ligada a seu método básico de comentar textos grandes e autoritários. No processo de transformação de seu pensamento, a noção de Revelação desapareceu ou, como estou inclinado a suspeitar, permaneceu não-proferida, tornando-se um conhecimento verdadeiramente esotérico. A ênfase orgulhosa, que até o fim caracteriza suas referências à categoria *utópica* da religião, para a Redenção e a idéia messiânica, enquanto sua categoria *existencial* (melhor, talvez, substantiva) desaparece, precisa estar relacionada à estrutura daquilo que eu chamaria sua teologia materialista. (Eu caracterizaria seu pensamento mais recente como uma teoria materialista da Revelação, cujo tema não mais aparece na teoria.)

Eu disse que, por muitos anos, Benjamin procurou aproximar-se do judaísmo no qual esperava encontrar um âmbito em que suas mais profundas intenções viriam a estar em casa. Em torno de 1930, abandonou tal esperança como irrealizável em *sua* vida; mesmo assim, ecos de conceitos judaicos fundamentais continuavam sempre a ressoar em seus escritos, agora selados com o sinete da dialética marxista. Assim ele traz à luz o elemento judaico, em Karl Kraus, ainda no estágio da última separação quando ele identifica a "convicção judaica" de que "o mundo seria o palco para a santificação do nome" como a causa radical das atitudes contrastantes para a linguagem de Karl Kraus e Stefan George, ou quando fundamenta sua análise do mundo de Franz Kafka nas categorias da Halakhá e da Hagadá.

Além disso, um elemento apocalíptico de destruição fica preservado na metamorfose, suportado em seus escritos mais recentes pela idéia messiânica, que continua a desempenhar um papel poderoso no seu pensamento. O nobre e positivo poder da destruição – por demasiado tempo negado à unilateral, antidialética e diletante apoteose da "criatividade" – agora se torna um aspecto da redenção, relacionada à imanência do mundo, representada na história do trabalho humano. Um novo conceito de "subversão" aparece freqüentemente agora em seus escritos e nos mais surpreendentes contextos, e lhe esclarece modelos de profundo significado atrás dos fenômenos por ele estudados. Não há quase nenhum trabalho importante dele nesse período em que este conceito, declarado ou encoberto, ocupando um lugar central, não inspire suas análises, como por exemplo no ensaio mais característico, "Der destruktive Charakter". ou nos grandes ensaios sobre Kraus, Proust e Kafka. Ele desenvolveu um sentimento extremamente acurado e fino pelos elementos subversivos na obra de grandes autores. Mesmo em autores cujo retrato do mundo exibe traços muito reacionários, ele ouvia o retumbar subterrâneo da revolução e, geralmente, ele estava profundamente cônscio do que ele chamava "o estranho jogo entre a teoria reacionária e a revolução prática". A secularização de uma doutrina judaica apocalíptica nestas análises é muito evidente e, em lugar nenhum, nega sua origem. A imagem talmúdica dos anjos recriados a cada momento em hostes incontáveis, somente para serem destruídos e retornarem para o nada depois de terem levantado suas vozes para Deus, unifica seus primeiros e últimos escritos. Isto aparece no fim de seu anúncio do projetado jornal *Angelus Novus*, que nunca se materializou. Isto se deu em 1922, no ponto mais alto de seu período teológico. Tal fato aparece novamente no fim do seu ensaio aparentemente materialista, em 1931, sobre Karl Kraus, que anuncia sua produção mais tardia com um toque de clarim marxista. No entanto, aqueles sempre novos anjos – um deles ele reencontrou num quadro de Paul Klee, *Angelus Novus*, de sua propriedade e por ele muito amado – carregam ao mesmo tempo os traços do anjo da Justiça como também da Destruição. Sua "voz que desvanece rapidamente" proclama a antecipação do apocalipse na história – e isto era o que lhe interessava.

A inspiração judaica, pura e simples, com nenhum ajuste à terminologia da dialética materialista, domina os incansáveis esforços de Benjamin para a compreensão de Kafka, cujos escritos ele estudou, desde a publicação do primeiro, com envolvimento apaixonado. Esta tendência manifesta-se, sobretudo, no grande ensaio de 1934, ao qual Bertolt Brecht reagiu com a investida de que "ele estava ajudando e favorecendo o fascismo judaico". Revela-se também na sua terrível carta de 1938, em que esboçou o novo retrato de Kafka, que pretendia realizar num livro, caso se encontrasse um editor para tal. Os conceitos de justiça do estudo das Escrituras e da exegese são aqui conscientemente introduzidos e desenvolvidos como conceitos judaicos.

> O estudo [lemos aqui] é a entrada da justiça. E, no entanto, Kafka não ousava vincular a este estudo as promessas que a tradição oferecia para o estudo da Torá. Seus acólitos são bedéis, mas eles perderam a casa de oração; seus estudantes são discípulos, mas eles perderam a escritura.

Benjamin, que se encontrava igualmente afastado da interpretação otimista de Max Brod de Kafka, como da interpretação existencialista que havia sido modelo nos últimos anos, percebia a inversão negativa à qual as categorias judaicas estavam sujeitas no mundo de Kafka; aí o ensino não mais transmite uma mensagem positiva, mas somente uma absolutamente utópica, e por isso até então indefinida, promessa de um mundo pós-contemporâneo. Para nós restam somente os procedimentos de uma "Lei" que não pode mais ser decifrada. Estes procedimentos tornaram-se a característica central da visão kafkaniana. Benjamin sabia que em Kafka temos uma teologia negativa do judaísmo nada menos intensa por ter perdido a Revelação como mensagem positiva.

Benjamin, que sentia grande afinidade por este autor – Proust e Kafka eram provavelmente os autores verdadeiramente familiares em nível mais íntimo –, via nas passagens exegéticas tão freqüentemente apresentados por Kafka a cristalização da tradição da Torá refletida nela mesma. Ele afirmava serem as doze linhas de interpretação do *Dom Quixote* o trabalho mais perfeito que possuímos de Kafka. Os comentários de Benjamin sobre Brecht, entre os quais aquele sobre *Legende von der Entstehung des Buches Taoteking* seja talvez importante, representam a última forma assumida pelo comentário nas mãos de Benjamin. Ele compreendeu totalmente que estava embarcando numa aventura problemática quando colocou esta forma a serviço da interpretação de textos revolucionários em vez de arcaicos e autoritários. Na verdade, estes comentários exibem uma rara e patética impotência desconcertante numa mente do soberano poder de Benjamin – que está inteiramente ausente de sua interpretação de outros textos. E, no entanto, é evidente que ele estava resolvido – mesmo se o preço fosse alto – a não desistir da força explosiva que ele, mais do que algum judeu contemporâneo, havia redescoberto na misteriosa vida do comentário como uma categoria religiosa decisiva.

Entre as categorias judaicas que ele havia introduzido como tais e defendido até o fim, está a idéia messiânica; nada é mais falso que a noção de que ela tenha provindo, em Benjamin, da obra de Ernst Bloch, embora os dois se encontrassem no terreno judaico – principalmente, a idéia da recordação. O último parágrafo na obra de Benjamin que pode ser cronologicamente colocado, por assim dizer, como uma *confessio in extremis* reza – e isto num texto quase marxista sobre o tempo histórico – como uma apoteose do judaísmo:

Os adivinhos que decifravam o que ele havia para eles reservado, com certeza, não sentiram o tempo nem homogêneo nem vazio. Todo aquele que guarda isto na mente terá, talvez, uma idéia de como o tempo passado foi experimentado na recordação, isto é, do mesmo modo. Sabemos que os judeus foram proibidos de investigar o futuro. A Torá e as preces instruem-nos na recordação, contudo. Isto desnudava o futuro de sua mágica, diante da qual todos aqueles que procuram esclarecimento junto aos adivinhos sucumbem. Isto não implica, contudo, que para os judeus o futuro se tornasse um tempo homogêneo e vazio. Pois nele em cada segundo se encontrava a pequena entrada através da qual o Messias poderá entrar.

O judaísmo encontrado nestas frases era o objetivo de que Walter Benjamin se aproximava assintoticamente durante toda a vida sem que o tivesse atingido. Contudo, pode-se dizer que sua mais profunda intuição, igualmente nas esferas da criação e destruição, proveio do centro daquele judaísmo; e esta afirmação sobre Benjamin, o pensador, não perde nada de sua ordem dialética, por ser também sobre uma vida freqüentemente perseguida pelas terríveis sombras da solidão, consumida pelo desejo de amizade, embora seja a fraternidade apocalíptica da revolução, pelo fato de iluminar a história daquela vida ardente com uma radiação profunda.

JUDAÍSMO NA PERSPECTIVA

HISTÓRIA DO POVO DA BÍBLIA – Relatos do Talmud e do Midrasch (Org. J. Guinsburg) (CJ01)
CONTOS DA DISPERSÃO – Dov Noy (CJ02)
DO ESTUDO E DA ORAÇÃO – Org. J. Guinsburg (CJ03)
HISTÓRIAS DO RABI – Martin Buber (CJ04)
A PAZ SEJA CONVOSCO – Scholem Aleihem (CJ05)
CONTOS DE I. L. PERETZ – Sel. J. Guinsburg (CJ06)
O MARTÍRIO DA FÉ – Scholem Asch (CJ07)
O CONTO ÍDICHE – Sel. J. Guinsburg (CJ08)
NOVELAS DE JERUSALÉM – Sch. I. Agnon (CJ09)
ENTRE DOIS MUNDOS – Sel. A. Rosenfeld e J. Guinsburg (CJ10)
NOVA E VELHA PÁTRIA – Sel. J. Guinsburg (CJ11)
QUATRO MIL ANOS DE POESIA – Org. J. Guinsburg e Zulmira R. Tavares (CJ12)
O JUDEU E A MODERNIDADE – Org. J. Guinsburg (CJ13)
FIM DO POVO JUDEU – Georges Friedmann (D006)
DISTÚRBIOS EMOCIONAIS E ANTI-SEMITISMO – N. W. Ackerman e M. Jahoda (D010)
RAÇA E CIÊNCIA I – Juan Comas e outros (D025)
O SOCIALISMO UTÓPICO – Martin Buber (D031)
RAÇA E CIÊNCIA II – L. C. Dunn e outros (D056)

A CABALA E SEU SIMBOLISMO – Gershom Scholem (D128)
SOBRE COMUNIDADE – Martin Buber (D203)
DESENVOLVIMENTO E CONSTRUÇÃO NACIONAL – S. N. Eisenstadt (D154)
DO DIÁLOGO E DO DIALÓGICO – Martin Buber (D158)
MOUROS, FRANCESES E JUDEUS – Luís da C. Cascudo (D185)
O SOCIALISMO RELIGIOSO DOS ESSÊNIOS: A COMUNIDADE DE QUMRAN – W. J. Tyloch (D194)
SOBRE COMUNIDADE – Martin Buber (D203)
DO ANTI-SIONISMO AO ANTI-SEMITISMO – Léon Poliakov (D208)
WALTER BENJAMIN – A HISTÓRIA DE UMA AMIZADE – Gershom Scholem (D220)
ROMANTISMO E MESSIANISMO – Michel Löwy (D234)
BORGES E A CABALA – Saul Sosnowski (D240)
DE BERLIM A JERUSALÉM – Gershom Scholem (D242)
COMICS DA IMIGRAÇÃO NA AMÉRICA – John J. Appel e Selma Appel (D245)
CORRESPONDÊNCIA – W. Benjamin e Gershom Scholem (D249)
O GOLEM, BENJAMIN, BUBER E OUTROS JUSTOS: JUDAICA I – Gershom Scholem (D265)
O NOME DE DEUS, A TEORIA DA LINGUAGEM E OUTROS ESTUDOS DE CABALÁ E MÍSTICA: JUDAICA II – Gershom Scholem (D266)
CRISTÃOS-NOVOS NA BAHIA – Anita Novinsky (E009)
AS GRANDES CORRENTES DA MÍSTICA JUDAICA – Gershom Scholem (E012)
VIDA E VALORES DO POVO JUDEU – Cecil Roth e outros (E013)
HISTÓRIA E HISTORIOGRAFIA DO POVO JUDEU – Salo W. Baron (E023)
O MITO ARIANO – Léon Poliakov (E034)
DE GERAÇÃO A GERAÇÃO – S. N. Eisenstadt (E041)
SOCIEDADE ISRAELENSE – S. N. Eisenstadt (E056)
DE CRISTO AOS JUDEUS DA CORTE – HISTÓRIA DO ANTI-SEMITISMO I – Léon Poliakov (E063)
DE MAOMÉ AOS MARRANOS – HISTÓRIA DO ANTI-SEMITISMO II – Léon Poliakov (E064)
DE VOLTAIRE A WAGNER – HISTÓRIA DO ANTI-SEMITISMO III – Léon Poliakov (E065)
A EUROPA SUICIDA – HISTÓRIA DO ANTI-SEMITISMO IV – Léon Poliakov (E066)
JESUS E ISRAEL – Jules Isaac (E087)
A RELIGIÃO DE ISRAEL – Yehezkel Kaufmann (E114)
A CAUSALIDADE DIABÓLICA I – Léon Poliakov (E124)
A CAUSALIDADE DIABÓLICA II – Léon Poliakov (E125)
O SIGNIFICADO DO ÍDICHE – Benjamin Harshav (E134)
SABATAI TZVI (3 vol.) – Gershom Scholem (E141)
HISTÓRIA E NARRAÇÃO EM WALTER BENJAMIN – Jeanne Marie Gagnebin (E142)
TEMPO E RELIGIÃO: A EXPERIÊNCIA DO HOMEM BÍBLICO – Walter I. Rehfeld (E106)

MISTIFICAÇÕES LITERÁRIAS: "OS PROTOCOLOS DOS SÁBIOS DE SIÃO" – Anatol Rosenfeld (EL03)
GUIA HISTÓRICO DA LITERATURA HEBRAICA – J. Guinsburg (EL09)
GALUT – Itzhack Baer (EL15)
POÉTICA E ESTRUTURALISMO EM ISRAEL – Ziva Ben-Porat e Benjamin Hrushovski (EL28)
O DIREITO DA CRIANÇA AO RESPEITO – Janusz Korczak (EL41)
O DIREITO INTERNACIONAL NO PENSAMENTO JUDEU – Prosper Weill (EL43)
DIÁRIO DO GUETO – Janusz Korczak (EL44)
O ANTI-SEMITISMO ALEMÃO – Pierre Sorlin (K003)
O DIBUK – Sch. An.-Ski (org. J. Guinsburg) (T005)
LEONE DE' SOMMI: UM JUDEU NO TEATRO DA RENASCENÇA ITALIANA – J. Guinsburg (T008)
REI DE CARNE E OSSO – Moschê Schamir (P001)
A BALEIA MAREADA – Ephraim Kishon (P002)
SALVAÇÃO – Scholem Asch (P003)
GOLIAS INJUSTIÇADO – Ephraim Kishon (P005)
AS LENDAS DO POVO JUDEU – Bin Gorion (P007)
A FONTE DE JUDÁ – Bin Gorion (P008)
ALMAS EM FOGO – Elie Wiesel (P013)
SATÃ EM GORAI – Isaac B. Singer (P015)
O GOLEM – Isaac B. Singer (P016)
O MESTRE DO BOM NOME – Ary e Emília Schreirer (LSC)
SERMÕES – M. Diesendruck (LSC)
PROTOCOLOS DO CONCÍLIO VATICANO II: SOBRE OS JUDEUS – Padre Humberto Porto (LSC)
O DIREITO TALMÚDICO – Ze'ev M. Falk (LSC)
SOMBRAS DE IDENTIDADE – Gershon Shaked (LSC)
SESSÃO CORRIDA: QUE ME DIZES AVOZINHO? – Eliezer Levin (LSC)
BOM RETIRO – Eliezer Levin (LSC)
NOSSAS OUTRAS VIDAS – Eliezer Levin (LSC)
CRÔNICAS DE MEU BAIRRO – Eliezer Levin (LSC)
ADEUS IOSSL – Eliezer Levin (LSC)
QOHELET / O-QUE-SABE-ECLESIASTES – Haroldo de Campos (SIG13)
BERE'SHITH: A CENA DA ORIGEM – Haroldo de Campos (SIG16)

Impresso na Prol editora gráfica ltda
03043 Rua Martim Burchard, 246
Brás - São Paulo - SP
Fone: (011) 270-4388 (PABX)
com filmes fornecidos pelo Editor.